義経伝説と為朝伝説

日本史の北と南

原田信男
Nobuo Harada

岩波新書
1692

はじめに――英雄伝説と日本

日本の歴史上、最大の悲劇的ヒーローといえば、源義経《みなもとのよしつね》を挙げる人が多いのではないだろうか。幼少の牛若丸時代の活躍から始まり、一ノ谷《いちのたに》・屋島《やしま》・壇ノ浦《だんのうら》で平家《へいけ》追討に大きな勲功を上げながらも、兄・頼朝《よりとも》から反感を買い、一時は九州へ逃れようとするが、失敗して東北を目指した。この間、弁慶《べんけい》など多くの著名な従者たちに助けられつつ、奥州平泉《おうしゅうひらいずみ》の藤原秀衡《ふじわらのひでひら》の下にたどり着いたが、秀衡の子・泰衡《やすひら》の裏切りにより、衣川館《ころもがわのたて》において三一歳の若さで自害したとされている。

しかし実は義経に関する確実な史料は少なく、その行動は『平治《へいじ》物語』や『平家物語』『源《げん》平盛衰《ぺいせいすい》記』などの軍記物語によるほかはない。ただ後代の室町期に虚実を織り交ぜた『義経《ぎけい》記』が成立して、多彩な挿話で飾られた伝説的な生涯が創出されるにいたった。

また義経の叔父にあたる源為朝《ためとも》も、超人的な武勇の持ち主であったが、やはり同様に悲劇の死を遂げている。一三歳の時に九州に追われたが、鎮西八郎《ちんぜいはちろう》と号して九州各地で大暴れし、それが原因で父・為義《ためよし》が解官《げかん》させられたため京に戻った。折しも保元《ほうげん》の乱が起こり、父とともに崇徳《すとく》上皇方として大活躍したが、敗れて捕らわれの身となる。弓の名手として知られたが、肩の筋を切られて伊豆大島《いずおおしま》に流された。しかし配流後も伊豆の島々を掠領《りゃくりょう》したことから、国軍による追討を受け、三二歳で自害し、その首は京都へ送られ獄門《ごくもん》とされたという。為朝は義経以上に史料が少なく、ほとんどが軍記物語『保元物語』によって生涯が語られ、これにさまざまな逸話が加えられたという点に特徴がある。

私はかつて、ある地名辞典の編集に携わっていたが、その過程で二つの英雄伝説の分布状況に興味を抱いた。二つの辞典のデータからパソコンで拾い出した私の荒っぽい推算では、義経の伝説が存在する地域は実に四二都道府県総計五〇八件におよび、為朝でも三六都道府県一九六件を数える。

このうちには「義経が座った岩」や「衣をかけた松」と称するもの、あるいは「義経の笛」と伝えるもののほか、「為朝が岩を投げた」というだけの場所や、「為朝の矢」とされるもの、またその子孫と称する者の伝承などを留めた程度のものも多く、さらには近世に勝手に由縁を創出して為朝社を建立したようなケースもある。とにかく何らかのかたちで、自らの地が義経や為朝に関係するのだということを強調して伝承が創り上げられている。ただ、それには何かの根拠が必要となるが、たとえ架空の話であっても、その土地との関連性が少しでも見出されさえすれば、伝説が成立する余地は充分なものとなる。

そうした伝説分布の特徴は、義経が北陸・東北のほか北海道にもっとも多いのに対して、為朝が伊豆を除けば九州に集中し南島《なんとう》を経由して沖縄にも及んでいる点である。ほぼ同時代に活躍した源氏の貴種である義経・為朝の英雄伝説は、この点できわめて興味深い好対照をなしている。義経伝説の場合は、源平合戦の主戦場であった関係から山陽や四国にも目立つが、悲劇的な逃走の舞台となった東北・北陸の方が圧倒的に多い点に注目すべきだろう。

また若き為朝の主な活躍場所が九州で、熊本の雁回山《がんかいざん》には、為朝が弓で毎日雁を打ち落としたことから、この山を雁が迂回して飛んだとする話もあるほか、その流刑地が伊豆であったことからすれば、北の義経・南の為朝という傾向は、当然の史実的結果となる。しかし、それだけでは二人が足を踏み入れたこともない青森・北海道や南島・沖縄の事例が説明できない。なぜこうした地に数多くの伝説が伝わることになったのだろうか。

さらに彼らの英雄伝説における最大の特徴は、二人の死後の物語にある。実際には、ともに衣川と伊豆で生涯を終えているが、伝説の方はとてつもない飛翔を遂げる。義経は、衣川では死なずに北海道に渡って、アイヌの人々の崇敬を集めたとされ、青森と北海道の事例が加わる。さらに中国大陸へ渡って清《しん》王朝の祖となったとか、最終的にはモンゴル帝国の始祖・ジンギスカンは義経だったという説へと展開する。また為朝も同じく生き延びて、伊豆から風に流され琉球《りゅうきゅう》の運天《うんてん》港に上陸したとされ、南島と沖縄へも伝承地が広がる。そして為朝は、大里按司《おおざとあじ》の妹と結ばれ(大里の比定地には糸満《いとまん》市の島尻《しまじり》大里城と南城《なんじょう》市の島添《しましい》大里城とがある)、その子・尊敦《そんとん》が琉球王の始祖・舜天《しゅんてん》王となったという話にまでなる。これもなぜだろうか。

もともと古代日本の中央政権は、当初、東北北部と九州南部を支配下におくことができず、ましてや北海道も沖縄も領域外の地でしかなかった。すでに平安時代の九世紀の段階でさえ、国家が安穏を祈る追儺《ついな》の儀式において国内と認識していたのは、「東の方《かた》は陸奥《みちのく》、西の方は遠《お》値嘉《ちが》(小値賀=五島列島)、南の方は土佐《とさ》、北の方は佐渡《さど》」といった空間にすぎなかった(『貞観《じょうがん》儀式』)。ちなみに古代においては、現在の北を東、また南を西と認識していたから、西の小値賀にはかろうじて九州の大半が含まれるが、東の陸奥もすべてを掌握していたかどうかは不明で、東北北部と九州南部の安定的な支配が、次の時代の大きな課題となる。

現実に義経や為朝が活躍した時代、つまり中世に入ると、実質的にも東北北部と九州南部が日本国家の枠内に収められ、鎌倉末期の妙本寺本『曽我《そが》物語』(角川書店本)巻三などにみられるように、〝北は外ケ《そとが》浜《はま》から南は鬼《き》界ケ《かいが》島《しま》まで〟、つまり北海道と沖縄を除く地が日本であるという認識が共有されるにいたった。こうした国家領域の拡大においては、この時代の主役であった武士たちの果たした役割が大きく、中世を通じて彼らが北と南へ活発に進出したことから、後にみるように、北海道と沖縄の地が新たな併合の対象となっていった。そして中世後期の段階にいたって、我々が注目する二つの英雄伝説は、南北両極の地への渡海という飛躍を果たすことになる。

やがて近世に再び中央集権的な国家が出現すると、北海道では松前藩《まつまえ》によって、アイヌの人々の生活圏を認めつつも、海岸線上の場所支配が実行された。いっぽう沖縄へは鹿児島藩が侵攻して、中国への朝貢《ちょうこう》を黙認したうえで近世石高《こくだか》制的な支配を強行した。こうして北海道と沖縄の地は、いわば半分ずつ日本となったのである。ただ沖縄は中世に琉球王国が成立して異国となったが、北海道のアイヌ民族は国家を創らず異域のままとされた。この双方の地で、義経と為朝の伝説は著しい変身を遂げる。そして日本を頂点とし、北海道と沖縄の支配を正当視する秩序意識が社会的に浸透する近世において、二人の英雄物語は、さまざまなかたちで出版され、壮大な伝説として広く庶民に親しまれるところとなった。

さらに近代にいたって明治国家が成立をみると、北海道と沖縄は全面的に日本に組み入れられ、ともに内国植民地的な様相を呈するにいたった。そして両極の地では、近代においても二人の英雄伝説が機能していた。義経＝ジンギスカン説は、日本の北方進出を心情的に支え、為朝伝説は琉球処分以降の日本同化に大きな役割を果たした。いずれにしても義経・為朝伝説の成長と展開は、日本の中央政権が列島の北と南を自らの領域として覆い尽くしていく歴史過程と、みごとにシンクロしている。それゆえ本書では義経伝説と為朝伝説を軸に、その背景となる日本の北と南の歴史を通史的に対比しつつ、日本という国の歴史がもった特質について考えてみたいと思う。

なお本書では、日本およびヤマトと、日本人および和人《わじん》の語を併用しており、厳密な使い分けを行うことは難しかった。また国の両端についても、史料的には北・南ではなく東・西と表現され、実際には東北・西南とすべきだが、本書では北海道・沖縄に重点をおくので、あえて北・南の語を用いた。ただ古代・中世を扱う部分では、北には東北北部を、南には九州南部を含む場合が多い。さらに、薩南《さつなん》諸島は屋久島《やくしま》・種子島《たねがしま》とトカラ列島を、奄美《あまみ》諸島は奄美大島および喜界島《きかいじま》以南から与論島《よろんとう》以北を、沖縄諸島は沖縄本島および周辺離島を、先島《さきしま》諸島(=八重山《やえやま》諸島)は宮古島《みやこじま》・石垣島《いしがきじま》および周辺諸島を指し、沖縄列島は沖縄諸島と先島諸島を含むものとする。これらを総称した概念として南西諸島を用いるが、単なる南島の語には沖縄を含まない場合もある。

目　次

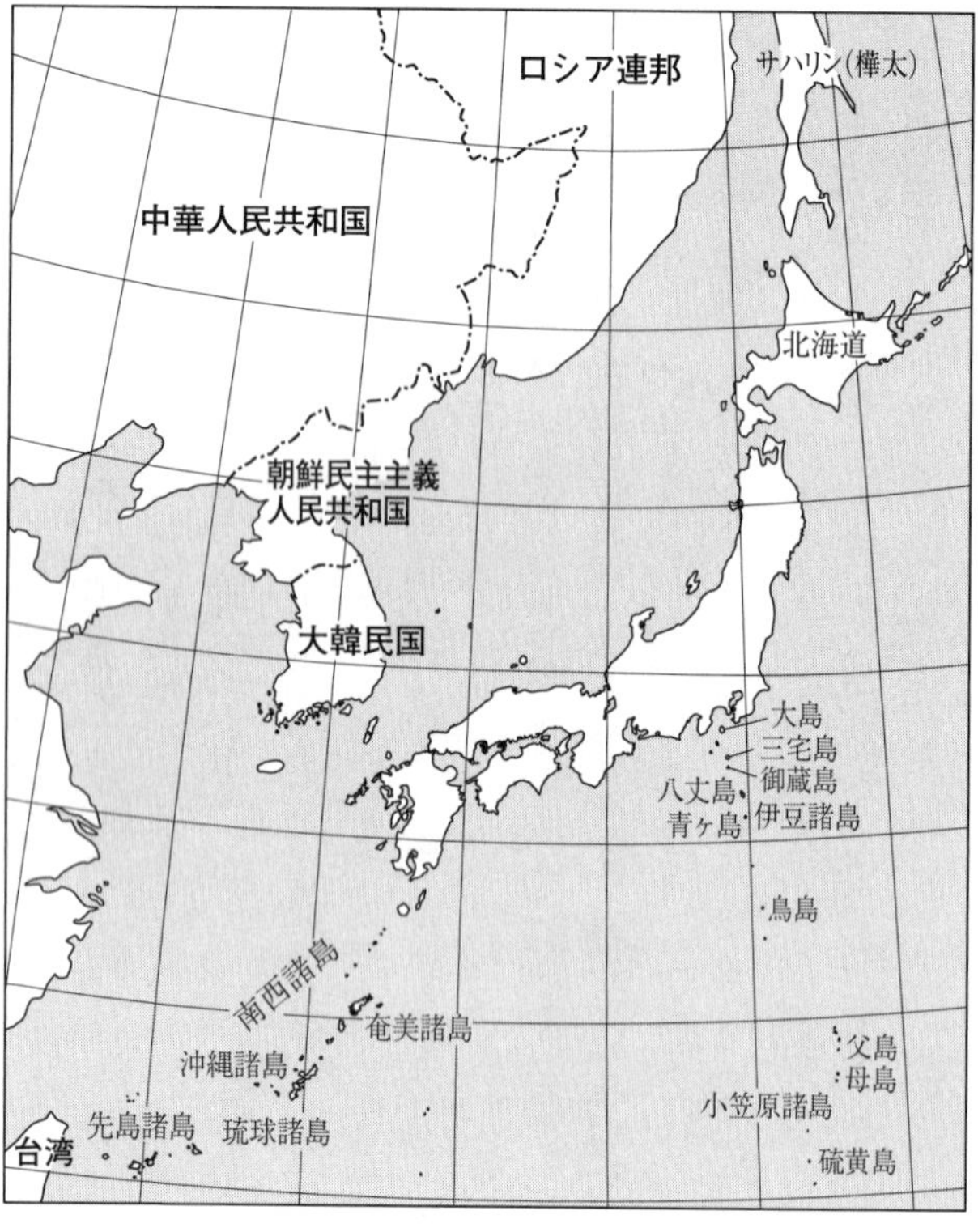
ロシア連邦
サハリン(樺太)
中華人民共和国
北海道
朝鮮民主主義
人民共和国
大韓民国
大島
三宅島
御蔵島
八丈島
青ヶ島
伊豆諸島
鳥島
南西諸島
奄美諸島
沖縄諸島
父島
母島
小笠原諸島
先島諸島
琉球諸島
台湾
硫黄島

北海道・東北図
サハリン
エトロフ(択捉)
クナシリ(国後)
(クナシリ・メナシの戦い)
余市
鵡川
平取
(シャクシャインの戦い)
瀬棚
志海苔館
知内
(コシャマインの戦い)
上ノ国
函館
松前
外ヶ浜
十三湊
石江遺跡群
弘前
志波城
出羽柵(秋田)
胆沢城
衣川
平泉
桃生城
多賀城
磐船柵
渟足柵

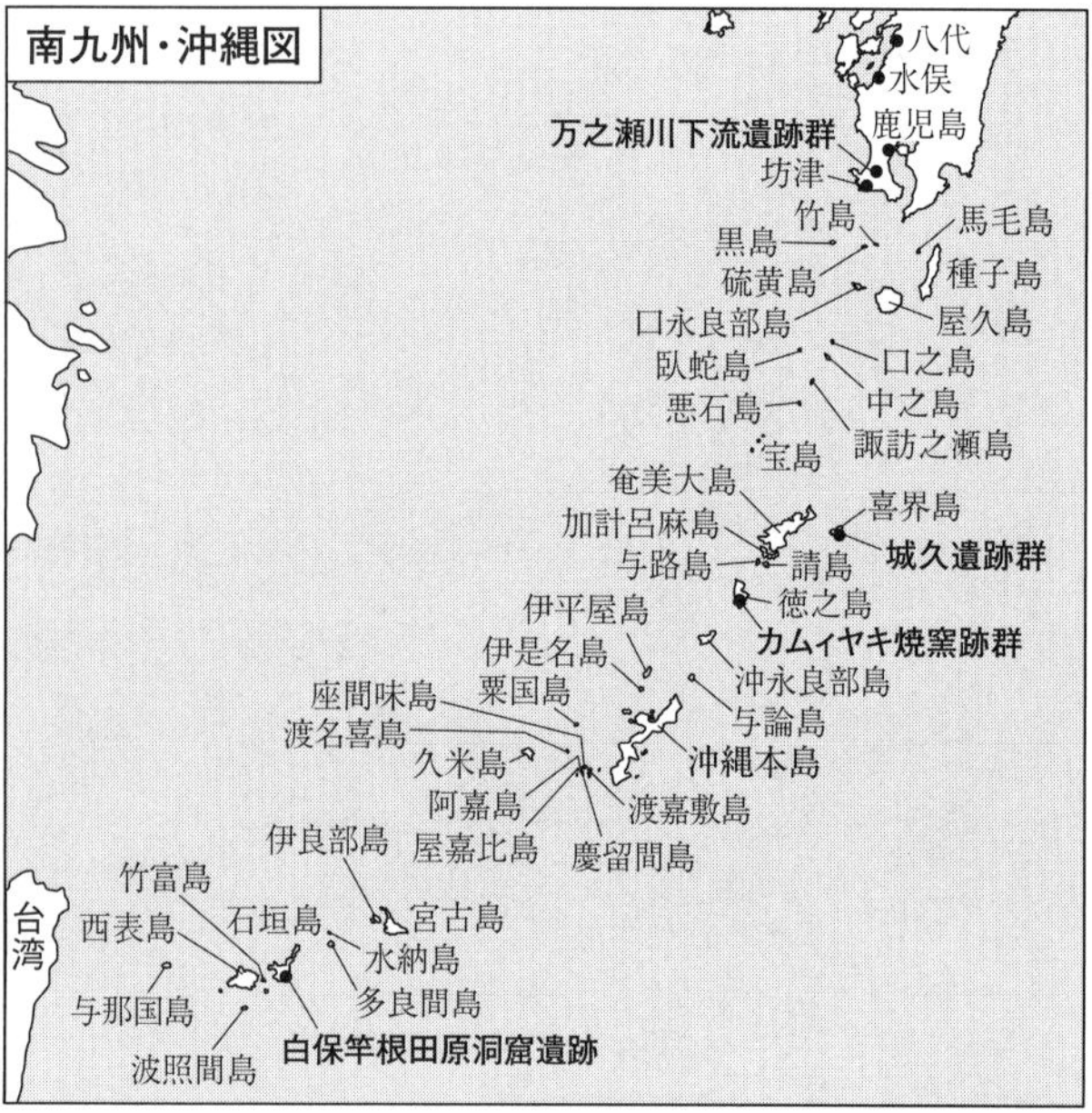
南九州・沖縄図
八代
水俣
鹿児島
万之瀬川下流遺跡群
坊津
竹島
黒島
硫黄島
馬毛島
種子島
口永良部島
屋久島
臥蛇島
口之島
悪石島
中之島
諏訪之瀬島
宝島
奄美大島
喜界島
加計呂麻島
城久遺跡群
与路島
請島
徳之島
伊平屋島
カムィヤキ焼窯跡群
伊是名島
沖永良部島
座間味島
粟国島
与論島
渡名喜島
久米島
沖縄本島
阿嘉島
渡嘉敷島
屋嘉比島
慶留間島
伊良部島
竹富島
宮古島
石垣島
西表島
水納島
台湾
多良間島
与那国島
白保竿根田原洞窟遺跡
波照間島

沖縄本島図
安須森御嶽
山原
伊江島
古宇利島
今帰仁城
運天
屋我地島
水納島
瀬底島
国頭
(北山)
名護
座喜味城
平安座島
伊計島
宮城島
勝連城
浜比嘉島
浮原島
南浮原島
中頭
(中山)
牧港
浦添城(ようどれ)
津堅島
那覇
首里城
斎場御嶽
島添大里城
久高島
サキタリ洞遺跡
港川遺跡
島尻大里城
島尻
(南山)

北海道・沖縄対比年表

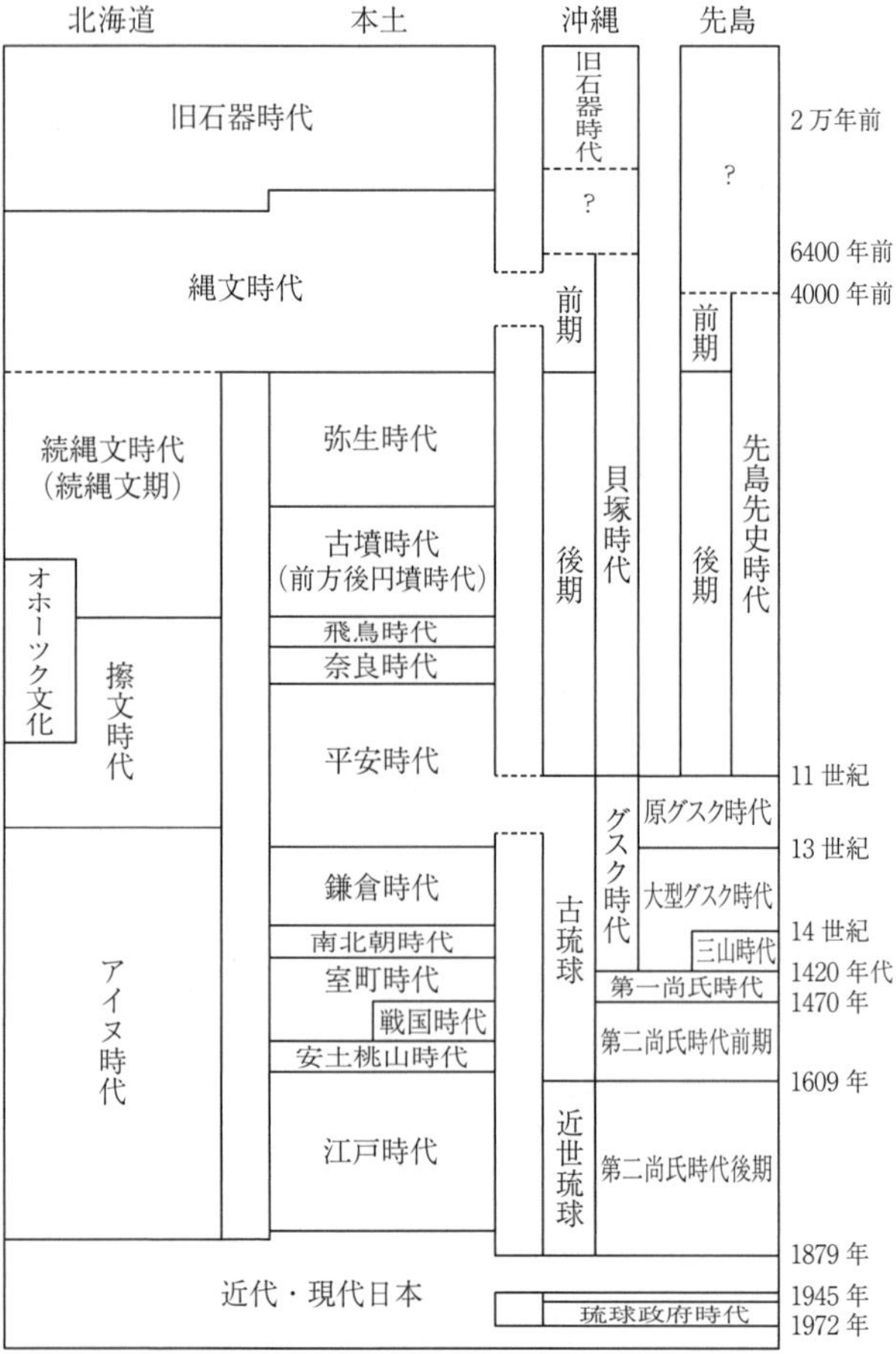

作成・安里進（安里進・土肥直美『沖縄人はどこから来たか』ボーダー新書, 2011より）

序章

伝説の前史——北と南の原点

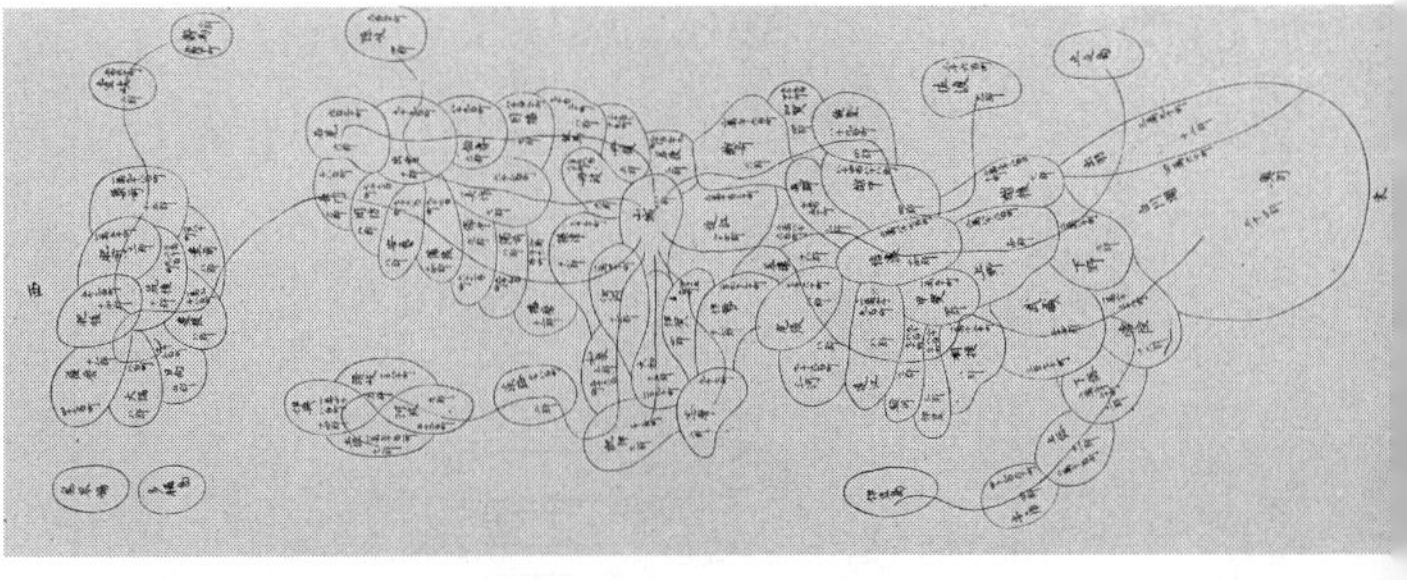

『集古図』所載「行基式日本図」(鎌倉末〜南北朝期). 中世の日本には北海道と沖縄が含まれていないことがわかる(国立国会図書館ウェブサイトより, 17 頁参照)

1　北と南の考古学

旧石器文化の時代

まずは二つの伝説を論ずる前に、その舞台となる北と南の地の特色を、歴史の初源からたどっておこう。

氷河期であった旧石器時代の日本列島は、海面が現在より約一〇〇メートル低く、大陸から弓状に連なり、北海道も沖縄も完全ではないがほぼ陸続きであった。旧石器時代後期には、北海道には広く遺跡が存在するが、沖縄では人骨は出土するものの遺物が少ない。この旧石器時代後期を特徴づける狩猟活動用のナイフ形石器は北海道でも認められるが、奄美・沖縄諸島ではこれがみられないという特徴がある。その後、このナイフ形石器は細石刃《さいせきじん》へと置き換わるが、その分布は、中国華北《かほく》から入った西南日本の半円錐《はんえんすい》細石刃文化圏と、シベリアの影響を受けた東北日本の楔形《くさびがた》細石刃文化圏とに大きく分かれ、北海道が後者の発信拠点だったとされる（佐々木高明『日本史誕生』）。

しかし奄美・沖縄諸島では、こうした細石刃が出土せず、自然石を打ち欠いただけの礫器《れっき》系が中心で、東南アジアから南方型旧石器文化が伝わったと推定されている(小田静夫『黒潮圏の考古学』)。日本史の初源において、列島の北と南では、それぞれ別個の生活が営まれていたのである(以下、巻頭対比年表参照)。

北の縄文・弥生並行期

今日の日本列島が地形的に形成された縄文《じょうもん》時代の遺跡分布は、西南日本よりも東北日本に濃密である。とくに日本の北部では、ほぼ縄文時代を通じて、北海道の石狩《いしかり》平野以南の道南部から、東北地方の秋田県・岩手県北部にかけて、同一形式の土器が用いられており、津軽《つがる》海峡を挟む地域に共通の物質文化圏が存在していた。しかし近年の人骨の炭素・窒素《ちっそ》同位体分析によれば、津軽海峡の北と南では食生態系が明瞭に異なり、北海道では海洋哺乳類や魚類などの海産物が主体であったが、東北北部では海産物のみならず陸上植物資源に強く依存していたという(米田穣「縄文時代における環境と食生態の関係」)。

弥生《やよい》時代に入ると、青森県では前期の砂沢《すなざわ》遺跡や中期の垂柳《たれやなぎ》遺跡で、水田址《すいでんし》が確認されており、比較的早い段階に稲作文化が東北北部にまで広がったが、これらは海路による伝播の可能性が高い。しかし北海道には金属器は存在したが、稲作の導入がみられず、この時期の文化を続縄文文化と呼ぶ。ここでは縄文土器の系譜を引く土器が用いられ、前半期には道南に恵山式《えさんしき》土器が、後半期になると石狩低地帯に後北式《こうほくしき》土器が広がり、やがて北大式《ほくだいしき》土器が全道を覆うようになる。

さらに続縄文系の後北式・北大式土器は、津軽海峡を越えて宮城県のほか山形県・新潟県の一部にも伝播し、東北北部を巻き込んで一つの土器文化圏を形成していた点が注目される。しかし食糧確保戦略としては、やはり津軽海峡を境に、東北北部では積極的に植物栽培を選択する志向が強かったが、北海道南部では海産物への依存度が高く続いたといい(米田前掲)、縄文時代から続く北海道の歴史的特性が受け継がれている。

南の縄文・弥生並行期

いっぽう奄美・沖縄諸島でも、古くから海洋への依存度が高く、縄文並行期を貝塚《かいづか》時代前期と称している。ここでは縄文早期に、九州系の爪形文式《つめがたもんしき》土器が登場するが、石鏃《せきぞく》・石槍《せきそう》・掻器《そうき》などを伴わず、土偶《どぐう》も存在しない。狩猟系石器の出土が少なく、採集や漁撈《ぎょろう》への依存度が高かったと判断される。

また縄文前期には、九州系の曽畑式《そはたしき》土器が沖縄本島にまで及んでおり、さらには黒曜石《こくようせき》の石鏃なども伝わって、南島に独自な縄文文化が形成されたとみなされている。たとえば栫ノ原《かこいのはら》遺跡(鹿児島県南さつま市)から出土した縄文早期の丸木船製作用の丸ノミ形石斧《せきふ》は東南アジア系に属するが、これに続くものが奄美諸島や沖縄本島にも分布しており、一つの海洋文化圏を形成していた(小田前掲)。ただ縄文文化の影響は、奄美諸島に次いで沖縄諸島に強いが、先島諸島には及んでいない。とくに先島諸島には、縄文土器とは系統を異にする下田原式《しもたばるしき》土器と局部磨《ま》製《せい》石斧を特徴とする南アジア系先史文化が定着していた。

そして奄美・沖縄諸島の弥生並行期については、とくに貝塚時代後期と呼び、平安中期頃まで続く。遺跡の大半は海岸砂丘上に立地し、イノー(珊瑚礁)での漁撈活動と陸地部での採集活動が中心であった。弥生式土器および弥生系の土器が用いられ、金属器の使用も始まるが、水田稲作が行われた形跡は確認されていない。

なお注目すべきは貝製品で、漁撈・採集の加工具や煮沸器としても使われたほか、貝輪《かいわ》などの装飾品にも利用された。すでに南城市のサキタリ洞《どう》遺跡からは、二万三〇〇〇年前の後期旧石器時代の貝の釣り針が出土したほか、続縄文時代の北海道の有珠《うす》遺跡からは、南海産のイモガイ製貝輪が出土しており、日本の北と南の両端を結ぶ貝の交易ルートが、古くから存在していたことがわかる。また縄文から弥生並行期の沖縄でも、食生態としては、海産物や動物食への依存度は高いが、植物食の利用度が低く(米田前掲)、北海道とよく似た傾向性が認められる。

北と南の人類学

酸性土壌では残りにくい旧石器時代の人骨は、アルカリ性の強い土壌の沖縄で出土する例が多く、約一万八〇〇〇年前とされる港川人《みなとがわじん》のほか、近年では石垣島の白保《しらほ》竿根《さおね》洞やサキタリ洞でも二万年以上前の人骨が発見されている。こうした人骨を元とした日本人の成立をめぐる議論の有力な学説の一つに、自然人類学者・埴原和郎《はにわらかずろう》の二重構造モデル論仮説がある。

これは旧石器時代に、東南アジアのスンダランドにいた古モンゴロイドの一部が、琉球列島を経て日本に到達して縄文人となり、北海道から沖縄まで分布したとする説である。その後、中国東北部に到達していた新モンゴロイドの一部が、弥生時代に日本列島に渡来し、縄文人との混血によって現日本人が形成されたが、北海道と沖縄には及ばず、そこには古モンゴロイド的形質を持つアイヌの人々と沖縄人とが残ったという(埴原和郎『日本人の成り立ち』)。

なお港川人については、近年では縄文人とは形質が異なり、オーストラリア先住民やニューギニアの人々に近いとも考えられている(国立科学博物館の見解)。ただ近年ではDNAによる分析が著しく進み、母系を示すミトコンドリアDNAのほか父系の判明するY染色体の系統も明らかにされた。その結果、先住民であった古モンゴロイドの縄文人と渡来系の新モンゴロイドの弥生人の混血が進んで現在の日本人となったとする二重構造モデル論は、遺伝子解析の立場からも認められている(斎藤成也『DNAから見た日本人』)。

これによって、縄文人を起点とするアイヌ・沖縄同系論が支持されたことになるが、アイヌ集団には、やや異なるDNA系統も認められることから、五〜一〇世紀頃にオホーツク文化人(後述)との間に深い交流があったとされており(篠田謙一他「DNAが語る「日本人への旅」の複眼的視点」)、彼らに関しては北方との関連を重視すべきだろう。また沖縄に関しては、港川人は島での生活環境に耐えられずに消滅したとする説があるほか(高宮広土『島の先史学』)、後に改めて述べるように(本書七八頁参照)、日本人との混血によって現代沖縄人が、日本の中世にほぼ相当するグスク時代に生まれたとする説もある(安里進・土肥直美『沖縄人はどこから来たか』)。

2　古代国家のまなざし

蝦夷への対応

北海道では縄文系の古モンゴロイド集団が続縄文文化を担っていたが、七世紀頃になると北部から東部にかけて、大陸北方系の海洋漁撈文化であるオホーツク文化が成立した。彼らオホーツク文化人は、農耕や家畜飼育を行って、鉄器や青銅器も使用していた。これに並行するかたちで続縄文文化のなかから擦文《さつもん》文化が生まれ、オホーツク文化と併存しつつ北海道南部を中心に東北北部にまで及んだ。

かつて日本に渡ってきて水田稲作を基礎とした新モンゴロイド系の人々は、徐々に列島に勢力を拡大して地方王権の象徴である古墳を各地に築き、やがて七世紀頃に大和地方を中心とした古代国家を出現せしめた。これに対して東北には、もともと古モンゴロイドのアイヌ系の人々が暮らしていたが、古代国家に結集したヤマト系の人々が進出して、その間で混血が進んだ。すでに五世紀末から六世紀初頭には、岩手県南部にまで古墳文化が及び、七〜八世紀頃になるとヤマト系の農耕民が大量に移住し混血に拍車がかかった。こうした文化接触が北海道にも影響を及ぼして擦文文化を成立させたという（瀬川拓郎『アイヌの世界』）。

この擦文文化は、オオムギ・アワ・ソバなどの農耕も行って、土師器《はじき》系の擦文式土器や鉄器さらにはカマドを用いるなど、ヤマト的な生活文化の影響も強い。また擦文文化の段階には、北海道の石狩低地帯から東北北部に、北海道式古墳・蝦夷《えぞ》系古墳とも称される末期古墳も登場する。これらはヤマト政権の墳墓《ふんぼ》形式とは異なる規模や原理を有するが、土師器や須恵器《すえき》を共伴するほか、玉《ぎょく》や馬具さらには和同開珎《わどうかいほう》などヤマトからの副葬品も伴う。つまり統一的な古代国家が勢力を誇った七世紀から一〇世紀の東北北部・北海道では、ヤマト的な文化を受け入れつつも、続縄文文化以来の独自な文化圏が築かれていたのである。

ヤマトの古代国家は、彼らを蝦夷《えみし》と呼び、その支配下におこうとした。蝦夷とは、アイヌ民族を含む場合もあったが、基本的には古代律令国家の国郡制下には編入されなかった東北の人々で、古モンゴロイドと新モンゴロイドが混合した擦文文化人と解すべきだろう。『日本書紀』(斉明《さいめい》天皇五＝六五九年七月三日条)所引の「伊吉連博徳書《いきのむらじはかとこがふみ》」には、蝦夷には、遠くから順に都加留《つかる》・麁蝦夷《あらえみし》・熟蝦夷《にぎえみし》の三種類があり、いずれも農耕はせずに肉を食する、としているが、一部では小規模な農耕も営まれたとすべきだろう。これらの差は混血の度合いによるものと思われ、もっとも近い熟蝦夷は、毎年ヤマト政権に朝貢を行っていた。さらに『続日本紀』には山夷《さんい》と田夷《でんい》がみえ、田夷と呼ばれて農耕を営み、官位を得た人々も存在した(天平《てんぴょう》九＝七三七年四月一日条)。こうした蝦夷のなかでもヤマト政権に服属した人々を夷俘《いふ》と呼んだが、このうち納税負担を伴う編戸《へんこ》、つまり公民ではないが、王権に従う王民としての身分の者を俘囚《ふしゅう》と称した。たとえば蝦夷の族長クラスには、君子部《きみこべ》という姓を与えて俘囚とし、いわゆる夷狄《いてき》とは区別し、氏姓制度的な王権秩序のうちに編入したのである。

隼人と南島の地位

九州南部の「熊襲《くまそ》・隼人《はやと》」については、『古事記』『日本書紀』の神代《じんだい》紀などにみえるが、これらには伝承的な色彩が強い。これを考古学的にみれば、古墳時代の九州南部には、いずれも隼人の墓制と考えられる地下式横穴墓がその東側に、地下式板石積石室墓《いたいしづみせきしつ》がその西側にあるほか、薩摩《さつま》半島南端には土壙《どこう》墓が分布する。五世紀後半になって、日向《ひゅうが》地方などにヤマト文化の影響を受けて前方後円墳《ぜんぽうこうえん》が登場をみるが、薩摩・大隅《おおすみ》地方には前方後円墳が少なく、カマド付き住居や須恵器が確認されておらず、ヤマト文化の影響を部分的には受容したものの、基本的に隼人の人々は独自の地域文化圏を築いていたと考えられる。

なお南島のうち多禰島《たねがしま》（種子島）については、天武《てんむ》天皇一〇（六八一）年にヤマトからの使者が「多禰国の図」を持ち帰っており（『日本書紀』同年八月二〇日条）、「粳稲《いね》常に豊なり。一たび殖《う》えて両《ふた》たび収む」とみえ、稲の再生二期作が行われたほか、海産物にも恵まれていたという。さらに八世紀初頭頃に多禰島司がおかれ、掖玖島《やくしま》を含む地方行政単位としての多禰島が成立をみて、大宰府《だざいふ》の管轄下に入った。なお天平七（七三五）年には、南島の島々に立てた標札の立て替えが命じられている（『続日本紀』天平勝宝《しょうほう》六＝七五四年二月二〇日条）。標札には島名・停泊場所・水場所・島々への行程などが記され、古代国家は南島の詳細な情報を掌握していた。

また隼人は大化《たいか》前代から軍事部門を担ったとする伝統から、律令官制下には隼人司がおかれ、一部の隼人は宮廷の儀礼などに古くから参加していた。さらに霊亀《れいき》元（七一五）年以降は、それまで正史類に蝦夷と並記され蔑視されていた隼人が、南島と置き換わるようになって、隼人は蝦夷・南島とは別格とされ、王民的な扱いとなったとされている（永山修一「隼人をめぐって」）。

こうして九州南部の隼人は、八世紀前半に独自の地位を獲得したのである。

古代国家の版図拡大

すでに『古事記』『日本書紀』のヤマトタケル建国神話は、西(南)で熊襲を、東(北)で蝦夷を、それぞれ征討する物語となっており、ヤマト政権にとって列島の北と南は、当初から版図拡大の対象だったことがわかる。そして五世紀頃の倭王《わおう》・武《ぶ》が中国に送った上表文に「東は毛《もう》人《じん》を征すること五十五国、西は衆夷《しゅうい》を服すること六十六国」と記して(『宋書《そうしょ》』倭国伝)、東西(北南)に支配領域を広げたことを誇示している。

その後、大化の改新直後の斉明天皇元(六五五)年には、高麗《こうらい》・百済《くだら》・新羅《しらぎ》からの朝貢記事に続いて、「蝦夷・隼人、衆《ともがら》を率《ひきい》て内属《まうきしたが》う」とあり、北と南がヤマト政権に服属したとするが、同四〜五(六五八〜六五九)年には、阿倍臣《あべのおみ》による蝦夷征討の記事が集中する(『日本書紀』同年条)。古代国家は、軍事的な制圧を加えつつも、蝦夷たちを饗応し官位や禄を与えており、以後、蝦夷の朝貢と饗給《きょうきゅう》が定期的に行われるようになった。

なお蝦夷に対しては、すでに大化三(六四七)年に渟足柵《ぬたりのさく》(新潟県新潟市)、翌年には磐船柵《いわふね》(同村上市)をおき、徐々に北上するかたちで城柵《じょうさく》を築いて、官人たちを派遣し行政の拠点とし、武装した開拓民というべき柵戸《きのへ》を、東国などから大量に移民させている。その後、白雉《はくち》五(六五四)年の陸奥《むつ》国に続き、和銅五(七一二)年には出羽《でわ》国をおいた。さらに神亀《じんき》元(七二四)年には陸奥国の国府かつ鎮守府である多賀城《たがじょう》(宮城県多賀城市)を創建して、北方への支配を強固なものとした。

いっぽう軍事と外交の拠点であった筑紫《つくし》の大宰府は、七世紀末に九州全域と三島（壱岐《いき》・対馬《つしま》・多禰）を管轄する体制を整えた。これは陸奥国の多賀城に対応するもので、隼人の反乱制圧に大きな軍事的役割を果たした。もともと九州南部では国郡の編成が遅れていたが、薩摩・多褹《たね》での隼人の反乱鎮圧後の大宝《たいほう》二（七〇二）年一〇月には唱更《はやひと》国を設置した（『続日本紀』同年八～一〇月条）。これを和銅二（七〇九）年までの間に薩摩国と改称し、同六年には日向国を分けて大隅国をおいた。

さらに和銅六（七一三）年には隼人の反乱が再発したが、その鎮圧後には、豊前《ぶぜん》国などから国府《ふ》や周辺部に多くの移民が送り込まれた。ヤマト政権は、東北北部と同様に、九州南部にも城柵を設けて柵戸をおき、支配と開拓の強化に努めたのである。また陸奥での蝦夷の反乱後の養《よう》老《ろう》四（七二〇）年には、隼人も大規模な反乱を起こしたが、直ちに制圧され、やがて延暦《えんりゃく》一九（八〇〇）年には、大隅・薩摩両国で口分田《くぶんでん》の収授が行われた（『類聚国史《るいじゅうこくし》』巻一五九）。その結果、翌年から隼人の朝貢が廃止され、九州南部は古代の律令国家に制度的にも完全に組み込まれるところとなった。

いっぽう東北では、その後、八世紀を通じて、陸奥国の俘囚を畿内以西の西国へ移配させるとともに、中部・北陸や東国から大量の柵戸を出羽・陸奥両国に送り込んだため、蝦夷と柵戸の間での矛盾が増大した。そうしたなかで宝亀《ほうき》五（七七四）年、蝦夷の桃生城《ものう》（宮城県石巻市）攻撃によって、三八年間におよぶ東北大戦争が始まった。同一一（七八〇）年の夷俘・呰麻呂《あざまろ》の乱では多賀城が焼き討ちされたほか、延暦八（七八九）年に派遣した五万余の大軍勢が、大墓公阿弖流為《たいものきみあてるい》によって撃退された。

その後、同二〇（八〇一）年には、四万の軍勢を率いた坂上田村麻呂《さかのうえのたむらまろ》の遠征で阿弖流為を制圧し、胆沢城《いさわ》（岩手県水沢市）や志波城《しわ》（同盛岡市）を築いた。さらに弘仁《こうにん》二（八一一）年の文室綿麻呂《ふんやのわたまろ》による征討によって、和賀《わが》・稗貫《ひえぬき》・斯波《しば》の三郡がおかれ、長い征夷戦争は終わりを告げ、しばらく蝦夷の反乱は収まりをみせた。

ちなみに東北大戦争の間、蝦夷の朝貢は停止されていたが、戦争後の九世紀になると、畿内に移配させた蝦夷を再び元日の正月節会《せちえ》に参加させるようになった。これは畿内の隼人が同様の儀式や行幸に供奉《ぐぶ》して、宮門を守るために犬の遠吠えをまねた狗吠《いぬぼえ》を続けさせられたことと対をなすもので、南北の民を従えたことを示す国家の巧みな演出といえよう。

小帝国秩序の創出

日本の古代国家は、大化元（六四五）年からの大化の改新によって天皇中心の支配体制を確立させ、律令制度の導入を試みたが、当時の唐《とう》による朝鮮半島への進出は大きな脅威であった。

天智天皇《てんじ》二(六六三)年には、白村江《はくそんこう》の戦いで、百済と日本は唐・新羅の連合軍に敗北を喫した。さらに連合軍が同七(六六八)年に高句麗《こうくり》をも滅ぼすという激動する東アジア情勢のなかで、日本には新たな国家機構の整備と支配秩序の確立が急務とされた。それゆえ日本は、北の蝦夷・南の隼人に朝貢を求め、南島へも来朝を促していたのである。

その後、新羅が朝鮮半島を統一し、唐から離れると、日唐の緊張関係は緩和に向かった。そして大宝二(七〇二)年に大宝律令を完成させて、ようやく国家としての内実を整えた日本は、大帝国・唐にならって、東アジア世界に新たな小帝国秩序を創出しようと試みた。すなわち大宝律令では、日本は唐のみを同等の隣国とみなして別扱いとし、高句麗・百済・新羅の朝鮮諸国を日本に朝貢すべき諸蕃《しょばん》と位置づけた。そして国内的には、自らの統治権の及ぶ範囲を「化《け》内《ない》」とし、その外部を「化外《けがい》」として、そこは夷人雑類《いじんざつるい》つまり夷狄の住む辺遠国とした、とする見解がほぼ定説化している(石母田正『日本古代国家論 第一部』)。

これには批判もあり、古代国家成立期には、周辺諸国と辺遠地域に対する位置づけが明確ではなく、「夷狄」概念の史料的根拠は不充分だとする指摘もあるが(大高広和「大宝律令の制定と「蕃」「夷」」)、やはり列島内部の「夷人・雑類」を意識して小帝国秩序を模索していた点が重要だろう。つまり古代国家成立時においては、蝦夷や隼人および南島の内民化が王権にとって最大の課題であった。そのため日本の中央政権は、八世紀を通じて蝦夷や南島の「化外」の民を制度的に服属させ、内国化を図ることで小帝国として支配秩序を創出し、威厳を保持しようとした。あくまでも辺遠国の「化外」の民とされた蝦夷や隼人については、日本とは異質な存在とみなしていた点に注目すべきだろう。

中央政権と北海道・沖縄

この時期、北と南の両端である北海道と沖縄は、ほとんど史料に登場しない。数少ない例として『続日本紀』霊亀元（和銅八・七一五）年正月元旦条では「陸奥・出羽の蝦夷、并《あわ》せて南嶋の奄美（奄美大島）・夜久（屋久島）・度感《とかむ》（徳之島）・信覚《しがく》（石垣島）・球美《くみ》（久米島）等、来朝《まう》きて各《おのおの》方物を貢《たてまつ》る」としている。また大宰府跡から発掘された八世紀前半頃の木簡には、「掩美嶋《あまみ》」「伊藍嶋《いらん》」とみえ、奄美大島・沖永良部島《おきのえらぶ》からの産物が貢納されていたことがわかるが（鈴木靖民『日本古代の周縁史』）、ここには北海道と沖縄は含まれていない。

ただ斉明六（六六〇）年三月の阿倍比羅夫《あべのひらふ》の征討の際には、「渡嶋《わたりのしま》の蝦夷」を饗《きょう》して禄《ろく》を賜ったとしており（『日本書紀』）、北海道アイヌとの接触は行われていた。さらに同六年三月条によれば、比羅夫は彼らを助けて、奥尻島《おくしり》と推定される「弊賂弁嶋《へろべ》」によった粛慎《みしはせ》とも戦っている。この粛慎はオホーツク文化人で、中央政権は北海道周辺の情報も入手していたが、基本的には陸奥と出羽だけを支配の射程に収めようとしていたと考えられる。

いっぽう沖縄については、七世紀前半に成立した『隋書《ずいしょ》』東夷《とうい》伝に「流求国」の記事があり、大業《たいぎょう》三(六〇七)年と翌年に煬帝《ようだい》の命で海軍が派遣されたが、言葉も通ぜず従わなかったので、その布甲《ふこう》(紵《からむし》で編んだ兜《かぶと》)を持ち帰ったという。この時に、遣隋使として中国にいた小野妹子《おののいもこ》一行が、この兜を見せられて、「夷邪久国」のものだと答えたとしている。これについては長い論争があるが、掖玖国のことと考えてよいだろう。

また「流求」の国制については、「歓斯《かんし》」と呼ばれる王の下に、四、五人の準国王クラスが諸洞を統轄し、洞には「小王」がいるほか、村々を治める「鳥了帥《うらうすい》」が存在しており、重層的な地域権力が成立していたことが窺える。なお同六年にも、従わない「流求」を万に及ぶ軍団で攻め、王を斬って男女数千人を捕らえて帰ったという(『隋書』巻六四列伝二九)。ただ、この「流求」に関する最古の記録については、台湾説と沖縄説の間に長い論争があるが、ほぼ沖縄とみてよいだろう(山里純一『古代日本と南島の交流』)。

ところで宝亀一〇(七七九)年成立の鑑真《がんじん》の伝記『唐大和上東征伝《とうだいわじょうとうせいでん》』には、来日途中の鑑真が、天平勝宝五(七五三)年、「多禰嶋の西南」にあたる「阿児奈波嶋《あこなは》」(沖縄島)にいたったとあり、沖縄の位置情報は一部に知られていたようである。にもかかわらず、この時期の日本の正史に沖縄が登場しないのは、「流求」が朝貢を拒否したためと考えられる。これは『隋書』における隋への対応からも窺われるように、それが地域的な権力を樹立していた「流求」の外交方針であったと思われる(山里前掲)。おそらく日本の中央政権は、沖縄の存在を知ってはいたが、朝貢関係を結ぶことはできなかったのだろう。

このように古代の日本は、主に律令国家を構築しはじめた七世紀以降、列島の北と南へ版図を広げていったが、その両極では独自の文化が保たれていた。とくに北海道と沖縄は、まだ全くの領域外であった。これについては、延暦二四(八〇五)年の成立とされる最古の輿地《よち》図、いわゆる行基《ぎょうき》式日本図が、江戸期の写本として残されている。成立年次には問題があるが、京都の下鴨《しもがも》神社に伝わったものを、考証学者・藤貞幹《とうていかん》(一七三二〜九七)が書写して、その著『集古《しゅうこ》図』巻一に収めている(扉写真)。その北端は陸奥・出羽であり、南端は九州のほか「伊豆嶋・多禰嶋・鬼界嶋」までが収められているが、北海道と沖縄は除外されている。しかし、その手前の東北北部・九州南部についても、その完全な掌握にはまだしばらくの時間を要し、まさに義経・為朝など武士たちの活躍する中世という時代を待たねばならなかったのである。

第Ⅰ部
英雄伝説はどのように生まれたか
——北と南の中世

月岡芳年『芳年武者无類』(明治 18 年)より，「武蔵坊弁慶・九郎判官源義経」(左，国立国会図書館ウェブサイトより)「鎮西八郎源為朝」(右，都立中央図書館特別文庫室所蔵)

古代も九世紀に入ると、土地制度の基本をなす班田収授法《はんでんしゅうじゅ》の実施が困難化したほか、藤原氏など貴族勢力の台頭が著しくなって、支配体制の形骸化が進んだ律令国家は、遣唐使《けんとうし》の廃止に象徴されるように、対外関係においても消極的な政策を採るようになった。このため国家体制の弱体化と対外政策の変化のなかで、日本の王土そのものが閉じた空間と意識されるようになり、支配者層の諸蕃や北と南の「化外」に対する意識も変化し、かつての小帝国秩序は大きな変貌を遂げるにいたった（村井章介『日本中世境界史論』）。

たとえば列島の南では、天長《てんちょう》元（八二四）年九月三日の太政官奏《だいじょうかんそう》（『類聚三代格《るいじゅうさんだいきゃく》』巻五）には、多禰島司の給物《きゅうもつ》が準稲《じゅんとう》三万六〇〇〇余束であるのに、調《ちょう》は鹿皮一〇〇枚だけにすぎず収支が合わないから多禰島を廃止して大隅国の付属とするとある。これ以後、南島関係記事が正史類に登場することはなく、七〜八世紀以降続いていた国家の南島との正式交易は放棄されるにいたった。また北においては、弘仁年間（八一〇〜八二四）頃からは夷俘の皇化が進んだが、その支配は安定的なものではなかった。そして元慶《がんぎょう》二（八七八）年の夷俘の大規模な反乱鎮圧後には征夷は抑制され、古代国家の城柵支配は衰退の方向に向かった（鈴木靖民『日本古代の周縁史』）。

そして中世の国家領域は、津軽半島から喜界島までとされたが、その境界は線ではなく、国家としての内と外との要素が入り交じる両義性・両属性をもつ空間領域で、確定的なものではなかった(村井前掲)。しかも中世には、東北の古代蝦夷《えみし》が消滅し、国の境の外の北海道が蝦夷《えぞ》として認識されたが、東北地方においては蝦夷《えみし》の系譜を引く集団の影響力が依然強かった。南では、種子島に国分寺がおかれて島津新荘《しまづしんしょう》に組み込まれたが、喜界島への支配が貫徹したわけではなく、奄美諸島・沖縄列島は異域とされていた。

ただ、国内は王土としての閉じた空間とみなされたが、実際には富裕な王臣家などの指導者層が舶来の珍品を好んだため、民間レベルでは対外的商業活動が盛んとなった。北の津軽半島十三湊《とさみなと》、南の薩摩半島坊津《ぼうのつ》などでは、北海道と南西諸島への扉が開かれており、東アジア世界を巻き込むかたちで幅広い交易が行われていた。これに深く関与したのが商人的な武士たちであり、彼らこそが新たな中世という時代を切り開いたのである。

こうした背景には、古代律令国家が一〇世紀以降に王朝国家へと変貌を遂げ、天皇と高級貴族つまり公家《くげ》が、国政を掌握するとともに、公権を利用して荘園などの家産を形成し、私的な権利の追求に邁進したという事情がある。そうしたなかで、社会システムを根底から支えてきた地方の武士集団を統率したのは、皇族の流れを汲む平氏や源氏《げんじ》などの中央の軍事貴族で、やがて彼らが武家として政権の中枢を担うようになる。こうした歴史的状況のなかから、為朝と義経という伝説の主人公が登場する点に注目すべきだろう。

第一章　北の義経伝説——東北から蝦夷地へ

1　逃げのびる義経

蝦夷交易と石江遺跡群

もともと北海道の蝦夷《えみし》が、すでに七〜九世紀にかけて、本州のみならず大陸との交流を行っていたことは、北海道積丹《しゃこたん》半島付け根に位置する大川《おおかわ》遺跡（余市市）の出土事例からも明らかにされている（岡田淳子『北の民族誌』）。たしかに津軽海峡は一つの境界でもあったが、ここを行き来した交易は古代以来盛んであった。また文献史学からも、この海峡が〝しょっぱい川〟と称されたような海の道であり、これを挟んで〝北の内海世界〟が形成していたと考えられている（入間田宣夫他『北の内海世界』）。

すでに延暦六（七八七）年正月二一日および同二一（八〇二）年六月二四日の太政官符（『類聚三代格』巻一九）によれば、王臣家の貴族たちは、通常の貢納分では物足りずに、馬や毛皮などを蝦《え》夷《ぞ》から競って買い集めるいっぽうで、北へは綿や鉄が移入されていた。たとえば『延喜式《えんぎしき》』には、陸奥国・出羽国の交易雑物としてアシカ皮・熊皮などのほか砂金・昆布類などがみえ、北海の産品は都の貴族たちに非常に好まれていた。また青森県西部で九世紀末から生産された五所川原《ごしょがわら》須恵器が、広く北海道内にまで分布することが知られており、津軽海峡を挟んだ交流が古くから盛んに行われていた。

このように北海道を含む北方の交易圏は古くから形成されていたが、近年の考古学の発掘によって、本州最北端の地にまで、律令国家的な文化が及んでいたことが明らかにされた。新幹線新青森駅付近の石江《いしえ》遺跡群のうち新田《にった》(1)遺跡からは、一〇世紀後半から一一世紀にかけての土師器や須恵器などのほか、木製品として檜扇《ひおうぎ》や木簡《もっかん》あるいは馬形・鏃形・刀形などの祭祀遺物などが出土して注目を浴びた。さらに、一二世紀後半から一三世紀前半の手づくね・轆轤《ろくろ》製のカワラケが大量に出土しており、平安末から鎌倉期に入ると、日本的な儀式や宴会が行われていたことが窺われる(ヨーゼフ・クライナー他『古代末期・日本の境界』)。

これらのことから、この遺跡は一時は官衙《かんが》的機構かとも考えられたが、祭祀具の体系や遺物そのものには全体に在地性が強いことが指摘されるようになった。このため現在では中央との関連を有しながらも、北の要素の濃い地域権力の拠点集落とみなされている。いずれにしても東北アジア世界との交易の一つの拠点であった本州最北端の石江遺跡群には、前九年・後三年合戦直前の段階で、すでにヤマト的な文化が及んでいたことが分かるが、同時にそれには地域的な強い改変が伴っていた点に留意すべきだろう(小口雅史「石江遺跡群の歴史的背景とその展開」)。

俘囚の争乱とその終焉

征夷が一段落した九世紀後半から一〇世紀にかけて、津軽北部にまで新たな集落が急増し、水田稲作や漁撈《ぎょろう》などの生業のほか交易活動も盛んに行われた。そして一〇世紀も後半に入ると、蝦夷の地では地域的な争乱が勃発し、山城型の壕《ごう》をめぐらせた防禦《ぼうぎょ》性集落が、北東北や北海道南部に数多く出現をみた。また政治的にも、従来の朝貢と饗給に基づく蝦夷への支配体制が変化し、鎮守府《ちんじゅふ》や秋田城など軍政府の拠点が築かれ権限が強化されて、俘囚の長である安倍《あべ》氏や清原《きよはら》氏が勢力を有するようになる。

すでに天慶《てんぎょう》二(九三九)年には俘囚が反乱を起こすなど、その統治には問題を抱えていたが、当時の朝廷には「夷を以《い》て夷を撃つ」という原則があり、俘囚のうちから有力な者に、その統率を任せるようになった。なかでも陸奥の安倍氏は、俘囚の長として婚姻関係などを利用して勢力を伸ばし、奥六郡(胆沢・江刺・和賀・稗貫・斯波・岩手)を拠点に、糠部《ぬかのぶ》(青森県東半部・岩手県南部)および亘理《わたり》・伊具《いぐ》(宮城県南部)にも影響力をもつ有力な地域豪族となっていた。

とくに現地で事実上公権を掌握していた安倍頼時《よりとき》は、賦貢《ふこう》や徭役《ようえき》を果たさず、半ば独立的な勢力となっていた。そして永承《えいしょう》六(一〇五一)年から始まる前九年の役では、朝廷は河内《かわち》源氏の源頼義《よりよし》を陸奥守・鎮守府将軍として派遣し、出羽の清原氏の軍勢を得て、安倍氏の滅亡に成功した(図Ⅰ-1参照)。また清原氏も俘囚の長で、仙北三郡(雄勝《おがち》・平鹿《ひらか》・山本《やまもと》)を中心に勢力を有していた。

清原武則《たけのり》は、前九年合戦における功績が認められて、康平《こうへい》六(一〇六三)年に鎮守府将軍に任命され、安倍氏が治めていた奥六郡をも領有する大豪族となった。この頃、摂関家を外戚としない後三条《ごさんじょう》天皇が即位し、延久《えんきゅう》二(一〇七〇)年には荘園整理令を出すなど国政の革新に着手し、とくに征夷には積極的な姿勢を示した。これを承けるかたちで、この年に起きたのが延久蝦夷合戦で、大和源氏で陸奥守の源頼俊《よりとし》が派遣され、武則の孫・清原真衡《さねひら》の助力を得て、衣曽別島《えぞのべつしま》の蝦夷と閉伊《へい》七村(岩手県北部)の山徒の征討に乗りだした。

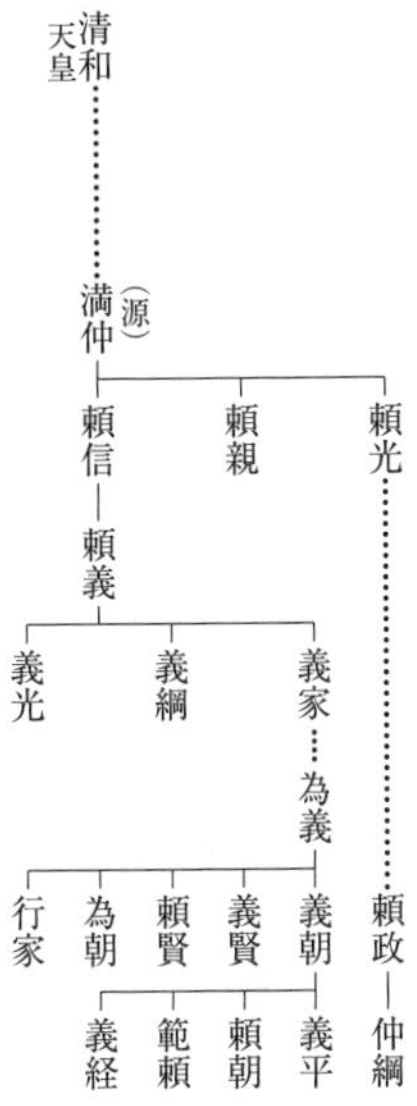

図Ⅰ-1　源氏略系図

この合戦によって衣曽別島つまり北海道の蝦夷と、まだ郡郷制の編入下になかった閉伊の村々の制圧とに成功した。これによって北奥全域が国府の統治下に入り、その一〇年後には糠部・比内《ひない》・津軽の三郡が建置されたとも考えられているが（入間田宣夫「延久二年北奥合戦と諸郡の建置」）、本州最北端までの統治が完了するのは、平泉藤原氏の登場後だとする反論もある（大石直正『中世北方の政治と社会』）。この延久蝦夷合戦は、中央の武士による一種の征夷戦争で、奥羽《おうう》を舞台とする争乱が続き、その過程で河内源氏・大和源氏・俘囚の長である清原氏の間で主導権争いが激化した。

とくに清原氏の嫡子である真衡の果たした役割は大きく、この合戦によって鎮守府将軍となったが、嫡子独裁体制を採ったところから、永保《えいほう》三（一〇八三）年に清原氏一族内部で紛争が起こった。これが後三年合戦で、やがて源頼俊との対立に勝利した河内源氏の源義家《よしいえ》が介入し、最終的には清原氏は滅亡するにいたった。そして後三年合戦後には、奥羽の防禦性集落が消滅し、俘囚たちの長きにわたった東北での抗争は、やっと終焉を迎えたのである（斉藤利男「北緯四〇度以北の十～十二世紀」）。

平泉藤原氏と義経

こうした東北の争乱に、大きく関与しつつ勢力を伸ばしたのが、中央から赴いた軍事貴族の河内源氏であった。奥羽においては、多くの巨大な摂関家領荘園が一一世紀頃までに成立をみているが、源頼義・義家父子は摂関家と深い関わりを有し、その寄進に大きな役割を果たした（大石直正「奥羽の荘園と前九年・後三年合戦」）。

とくに義家は、前九年合戦後に陸奥守鎮守府将軍となったが、後三年合戦は朝廷から私戦とみなされたため行賞《こうしょう》もなかった。しかし彼は、将兵には私財で報いて、八幡《はちまん》太郎義家の名が広まり、東国武士の間で神格化が進んだ。ちなみに義家は、為朝の曽祖父かつ義経の高祖父にあたる。

そして後三年合戦後には、義家の支持を受けた清衡《きよひら》が、安倍氏の旧領・奥六郡と清原氏の旧領・出羽山北郡を支配し、藤原氏を名乗り、平泉に居館を構えて、平泉藤原氏繁栄の基礎を築いた。なお中尊《ちゅうそん》寺に残る藤原四代のミイラは、自然人類学からの分析によれば、京都の貴族的な人骨の特徴がみられ、在地の俘囚たちとは異なる和人的な集団とされている(埴原和郎「再考・奥州藤原氏四代の遺体」)。

ただ清衡は、天治《てんじ》三(一一二六)年のいわゆる中尊寺落慶《らっけい》供養《くよう》願文《がんもん》(藤原清衡立願文案、中尊寺経蔵文書、『平安遺文』二〇五九)では、自らを「東夷《とうい》之遠酋《のえんしゅう》」「俘囚之上頭《ふしゅうのじょうとう》」と蝦夷の系譜に位置づけているが、これは俘囚たちが独自な勢力を有する蝦夷社会を統括するための方策であろう。

こうして平泉藤原氏は、在地を掌握したうえで、押領使《おうりょうし》として軍事公権を握り、国衙《こくが》的な支配を行うとともに、摂関家荘園の管理者となったほか、馬や砂金など北方交易を経済的基盤とした。そして東北の地に、浄土教的世界観を持ち込んで絢爛《けんらん》たる中尊寺・毛越《もうつう》寺を建立し、ヤマト的文化を核とした支配体制を築き上げたのである。

いずれにしても平泉藤原氏は、摂関家と深い関係にあり、とくに基衡《もとひら》は、康治《こうじ》二(一一四三)年に陸奥守鎮守府将軍として下向してきた藤原基成《もとなり》と親交を結び、その娘を嫡男・秀衡《ひでひら》の妻とした。その後基成は、平治《へいじ》の乱で失脚し奥州へ流されたが、秀衡の岳父として衣川館に暮らした。この基成は、義経の母・常磐御前《ときわごぜん》が再嫁した一条長成《いちじょうながなり》の親戚筋にあたる。また高祖父・義家と初代・清衡の関係が深かったこともあり、承安《じょうあん》四(一一七四)年、一六歳の義経は鞍馬山《くらまやま》を出て平泉に向かったのである。

ここで二一歳になるまでを暮らした義経は、兄・頼朝の挙兵を聞いて馳せ参じ、一ノ谷・屋島・壇ノ浦の合戦で、平家との戦いに勝利し大活躍するが、二人の反目は深まり、追われた義経は再び平泉の秀衡のもとを訪れた。なお『吾妻鏡《あずまかがみ》』文治《ぶんじ》三(一一八七)年一〇月二九日条には、秀衡の遺言として、国衡《くにひら》・泰衡《やすひら》らが源氏の貴種である義経を擁立し、「大将軍」として陸奥・出羽両国の「国務」を遂行させる旨の記述があり、秀衡には平泉幕府構想があったとする説が打ち出されている。ただし平泉幕府といっても、東北を基盤とした広域軍政府の意で、これには基成も関与していたという(入間田宣夫『藤原秀衡』)。

しかし、このことは鎌倉や京都に伝わり、基成・泰衡に義経の身柄を差し出すべき旨が命じられると、同五(一一八九)年閏《うるう》四月三〇日には、泰衡の軍勢が義経の邸宅を襲い、義経は自害して果てた。ただし頼朝はこれに満足せず、平泉藤原氏の打倒を企て、全国から集めた二八万余騎を自ら率いて平泉を攻め奥州合戦が始まった。そして同年八月二一日には平泉が陥落し、泰衡は「夷狄嶋《えぞがしま》」を目指して逃げたが、九月四日に配下に裏切られて、その首は頼朝に差し出された。こうして奥州合戦に勝利し北の外ヶ浜までを支配下に収めた頼朝は、その前々年の南の鬼界ヶ島征討とあいまって、まさに全国に及ぶ軍事政権を確立したのである。

義経伝説成立期の北海道

この頃、北海道では擦文文化がオホーツク文化を同化させるかたちで、考古学的な意味でのアイヌ文化が成立しつつあった。この平安末期から鎌倉期にかけて、日本の中央政権は、異民族としてのアイヌ民族を蝦夷《えぞ》と意識し始め、東北北部にまで自らの勢力が及ぶようになると、北海道を蝦夷ガ千島《ちしま》として認識するようになる。その初見は長承《ちょうしょう》元(一一三二)年に藤原顕輔《あきすけ》が詠んだ「あさましやちしま(千島)のえぞのつくるなるとくき(毒気)のや(矢)こそひま(隙間)はも(漏)るなれ」(『新編国歌大観　三　顕輔集』一〇四)とされる。

また同時期の北海道に関しては、『今昔物語集』巻三一第一一に、陸奥の安倍頼時が胡国《ここく》へ行って空しく帰ったという話がある。陸奥守・源頼義に攻められることを知った頼時は、子の貞任《さだとう》・宗任《むねとう》など五〇名ほどを引き連れ、北海道と思われる「海の北に幽《かすか》に見渡《みわた》さるる地」へ渡ったが、とても住める地ではないので本国に帰ったという。中国よりも遥か北にあるとされる胡国は、陸奥の奥地に向かいあう北海道から通じていると考えられていたが、まだ詳しい情報は伝えられていない。

その後、平泉藤原氏の段階になると、先の中尊寺落慶供養願文では、藤原氏に対して、出羽・陸奥は風に従う草のごとくで、粛慎《みしはせ》・挹婁《ゆうろう》のような「海蛮《かいばん》」も日に向かう向日葵《ひまわり》のようだとしており、その支配の手は陸奥・出羽のほか北海道のみならずサハリンや沿海州にまで及んだとされている（遠藤巌「中世国家の東夷成敗権」）。平泉藤原氏は、陸奥・出羽を通じて北海道などから得た金や粛慎羽《みしはせのはね》・アザラシ皮などの交易品を、重要な経済的基盤としていた。また北海道厚真《あつま》町の相馬妙見《そうまみょうけん》神社からは常滑《とこなめ》の壺が出土しているが、これを持ち込んだのは、平泉藤原氏の関係者集団だとも考えられている（瀬川拓郎『アイヌ学入門』）。こうしたことから泰衡は、北海道に遁れようとしたのだろう。

平泉藤原氏三代は、いずれも鎮守府将軍となっているが、この段階での権限には、蝦夷地の統一的軍事機構としての役割が含まれており、まさに義経が活躍する前夜の院政期に、新たな中世的郡郷制の整備を通じての徴税体系や軍事組織の再編に伴って、「夷島《えびすじま》」つまり北海道に対する支配権（東夷成敗権）が確立されたという（遠藤前掲）。そして、これを継承したのが平泉藤原氏を滅亡させた源頼朝で、それが北条得宗《とくそう》家へと引き継がれた。

こうした東夷成敗権の一つに、夷島への流刑《るけい》執行権があり、建久《けんきゅう》二（一一九一）年に、源頼朝は、京中の強盗を検非違使庁《けびいしのちょう》から関東で受け取り、これを夷島に流している。近世初期に成立した松前藩の『新羅之記録《しんらのきろく》』(『能代市史』資料編中世二)には、「そもそも往古は、この国、上二十日程、下二十日程、松前以東は陬川《むかわ》、西は与依地《よいち》迄人間住する事」とあり、和人《わじん》は余市から鵡川《むかわ》の間に住んでいるが、このうちには、泰衡が頼朝に追討された時に、糠部や津軽から多くの人々が夷島へ渡ったほか、外ヶ浜から追放された犯罪者がおり、彼らの子孫たちを渡党《わたりとう》と称するとしている。いずれにしても義経が登場する一二世紀頃から、中世国家の枠内にいた和人たちが、北海道に渡って住み始め交易などの生業に携わっていたとみてよいだろう。

さらに東夷成敗権に関しては、鎌倉期には北条得宗家の代官を務めた安藤《あんどう》(後に安東)氏が実権を握り、蝦夷管領《えぞかんれい》(蝦夷代官)とも称された。陸奥の十三湊に拠点をおいた安藤氏は、正中《しょうちゅう》二(一三二五)年九月一一日の安藤宗季譲状《むねすえゆずりじょう》(新渡戸《にとべ》文書、村井後掲による)などによれば、青森県の全域にも近いような広大な得宗領の地頭《じとう》代官職を有していた。そうした郷村や港湾を基礎に、年貢所当や交易権を押さえたほか、蝦夷管領権と考えられる「ゐそのさた」、つまり北海道の交易の管理や統制に関わる権益を有して、実際の支配を行っていた(村井章介『日本中世境界史論』)。すなわち北海道からの産品は、北条得宗家や安藤氏の重要な経済的基盤となったのである。

そうした収奪のなかで文永《ぶんえい》五(一二六八)年に蝦夷が蜂起し、得宗家の代官と推定される安藤五郎が討たれる事件が起こった。これに安藤氏一族の内紛が結びつき、さらに幕府が介入したことなどから、二家に分かれた安藤氏同士の争いとなり混迷を深めた。これが安藤氏の乱で津軽大乱とも呼ばれたが、実際には北海道も蜂起の舞台となっており（遠藤前掲）、蝦夷つまりアイヌがヤマト内部の政治史に巻き込まれるにいたった点に注目したい。また折しも蒙古《もうこ》襲来と重なり、異民族の侵攻と反乱が鎌倉幕府に与えた衝撃は大きかった。

2　語り広められる伝説

義経伝説はいつ生まれたか

こうしてみると義経が最期を迎えた奥州平泉は、その頃から北海道を射程に含み込んだ地であったが、義経伝説に北海道が入り込んでくるのは、しばらく後の中世後期のことである。はじめは地理的な広がりをもたない「才能ある高貴な悲劇的英雄」というイメージのみが、義経伝説として先行していた。

ここで改めて確認しておけば、義経に関する同時代史料はきわめて少ない。九条兼実《くじょうかねざね》の日記『玉葉《ぎょくよう》』に、「武勇と仁義に於いては、後代の佳名を貽《のこ》す者歟《か》。歎美《たんび》すべし」などと散見するにすぎない（文治元＝一一八五年一一月七日条）。また後白河《ごしらかわ》法皇の第二皇子・守覚法親王《しゅかくほっしんのう》は、秘かに招いた義経から壇ノ浦合戦の様子を聞いて、『左記』冒頭に「直《ただ》の勇士に匪《あら》ざる也……其の芸を携え其の道を得る者歟」と記しており、一部の公家から高い評価を受けていたことがわかるが数は多くない。ほかには後世の編纂物である『吾妻鏡』や系図『尊卑分脈《そんぴぶんみゃく》』などの断片的な記事に限られ、その活躍を伝えてきたのは、文学的色彩が濃い『平家物語』『平治物語』といった軍記物であった。

ただ近年の研究では、『平家物語』は単なる創作ではなく、一定の史実に基づいたものだとされている。五味文彦は、同書には現在に伝わる諸本とは別に、藤原行隆《ゆきたか》の子「信濃前司《しなののぜんじ》行《ゆき》長《なが》」が書いた原『平家物語』とも言うべきものが存在したとする。そして同書には、依拠した年代記があり、治承《じしょう》三(一一七九)年の清盛のクーデターまでが藤原光能《みつよし》の日記、それ以降は父・行隆の日記を利用したという(五味文彦『平家物語、史と説話』)。

さらに五味は、戦闘にあたった武士たちが、その勲功を記録した「合戦記《かっせんき》」を作成しており、これらを基に『平家物語』の記述がなされたとしている。しかも主に義経の右筆《ゆうひつ》・中原信泰《なかはらのぶやす》がまとめた「合戦記」を利用したために、義経の奮戦ぶりが目立ち、あたかも主人公であるかのような印象を与えたのだという(五味文彦『吾妻鏡の方法』)。こうしてみると『平家物語』は、意外に歴史書としての価値が高く、義経の軍事面における活躍については、ほぼ史実に近いと判断してよいだろう。

しかし、こうした物語を実際に人々に伝えたのは、琵琶法師《びわほうし》たちであった。彼らが物語として『平家物語』に登場する武士たちの人物像や合戦の意義を語り始めると、そこには文学的な想像力あるいは個人的価値判断や取捨選択が働き、史実を離れて伝説として飛翔する可能性が高まる。彼らは、鎌倉期の『普通唱導集』巻上に「琵琶法師……平治・保元・平家之物語、何《いず》れも皆暗《そらんじ》て滞り無し」とあるように、物語を自在に語り聞かせることを生業《なりわい》とする存在であった。

さらに彼らは、原『平家物語』によりながらも、聞き入ってもらうための物語として語り続けつつ、その都度さまざまなバリエーションを生みだし、語り手ごとの創意工夫も加わったため、同書には数多くの異本が存在することになる。そして幼年時の牛若時代や弁慶の物語を加えた『源平盛衰記』のようなものまでが南北朝期に登場をみた。あくまでも義経の物語は、一定の史実を踏まえつつも、とくに鎌倉時代後期以降に、琵琶の伴奏を伴う平曲《へいきょく》として語り伝えられながら、いわば伝説としての成長を遂げたのである。

これに加え、義経が英雄として人々に好まれることに手を貸したのは『吾妻鏡』で、ここでは義経の活躍は、やや好意的に描かれている。一般に同書の史料的な価値は高いとされているが、そのまま信頼することは難しいとすべきだろう。もともと『吾妻鏡』は、幕府の実権を握った北条氏の下で編纂された史書で、彼らの立場が正当化されている。たとえば義経を讒言《ざんげん》した梶原景時《かじわらかげとき》や、有力御家人《ごけにん》を抑圧しようとした頼朝の嫡男・頼家《よりいえ》は、北条氏と敵対する存在であったことから、同書では両者への批判が厳しい。

さらに幕府の創始者・頼朝も、『吾妻鏡』では決して理想化されておらず、むしろ義経に同情的な記述が多く、そして判官贔屓《ほうがんびいき》を助長させるために、悪玉としての景時を登場させたとも考えられている(上横手雅敬『源義経』)。いずれにしても、北条氏が幕府の実権を掌握した後の一三〜一四世紀頃に『吾妻鏡』や『平家物語』が成立し、源氏の評価が相対化されたところに、義経伝説の起点が求められると考えてよいだろう。

『義経記』の登場

そもそも判官贔屓という言葉は、弱い者や不遇な者に同情し、その肩をもつことの意に用いられるが、第一義としては、まさに義経その人に寄せる同情的あるいは哀惜的な心情を指す。しかし、この言葉の成立は、完全に武士が社会の主役となった室町期頃とされている(池田弥三郎「判官びいき」)。そして、この時期に義経を主人公とした『義経記』が登場をみる。

『義経記』は、義経の一代記ながらも、彼の盛時の源平合戦の活躍は影を潜め、前半は牛若丸としての不遇な幼少期からの活躍を描いて、金売吉次《かねうりきちじ》や鬼一法眼《きいちほうげん》とその娘などが登場する物語となっている。そして後半は北国落ちの末に平泉にいたるも、泰衡の裏切りで自殺を遂げるまでの逆境の物語で、吉野《よしの》での静《しずか》との別れや、弁慶や佐藤忠信《さとうただのぶ》などの郎従たちとの逃亡譚が中心となるが、全体に多彩な登場人物の挿話が生き生きと描かれている。

もともと義経像について、覚一《かくいち》本『平家物語』(日本古典文学大系本)巻一一は「すゝどきおのこ」つまり行動的な男とするが、長門《ながと》本(勉誠出版本)巻一八では「せい(背)ちいさきおとこの、色しろきか、むかは(向歯)そり(反)たるなるぞ」と出っ歯の小男という風貌とされ、延慶《えんきょう》本(勉誠社本)第五末も「平家の中に撰び捨られし人にだにも及ばず、劣りてぞ見えける」として平家の選り屑よりも劣ると表現しており、これらがいわゆる義経醜男説の根拠となっている。

それが室町期の『義経記』巻一になると「学問と申し、容顔《ようがん》世に越えておわす」(『判官物語』系山田本、日本古典文学全集本)と知的で美形という形容に変化している。つまり判官贔屓の風潮を背景として、義経の伝説としての理想化が進み、貴種流離譚としての要素を強めているのである。ただ『義経記』は、全体に地名や風景の描写は正確であるにもかかわらず、物語自体の展開は不自然で、わざわざ義経を遠回りさせたり、行きつ戻りつさせるなど、辻褄の合わない部分が多いとされている。これは、各地で別個に創作された物語が寄せ集められたためで、琵琶法師の系譜を引く盲目の座頭《ざとう》たちが、熊野信仰などを背景として、それぞれに創意工夫を加えつつ語り継いだことから、逆に地理的な広がりをもつにいたり(柳田国男「東北文学の研究」)、義経伝説が各地に成立する原因となった。

いずれにしても『義経記』は、こうして座頭たちが『平家物語』を変形させながら、各地に自由に語り伝えてきた義経の物語を集大成したものであった。そして、それらの話の根底には、それぞれ地域を共有する口承者と享受者たちが、義経という全国的な悲劇の英雄を、自らの歴史に取り込もうとした地域の自己主張があったと考えられる。

ただ同書には異本が少ないことから、複数の書き手ではなく、義経に同情的な都人一人の著作とされ、著者には各地の義経伝説を集録しようとする意志が強く、口碑《こうひ》を下敷きとしたことが指摘されている(島津久基『義経伝説と文学』)。さらに『義経記』の一部のテーマが、謡曲《ようきょく》や浄瑠璃《じょうるり》などの芸能の分野で、膨大な数の判官物《ほうがんもの》ともいうべき作品として成立し、それがさらに各地で口承・文字承によって広まり、義経伝説の増殖に拍車をかけた。それゆえ義経伝説は、為朝伝説よりもはるかに多くの伝承を各地に残すところとなったといえよう。

「悪路王」の系譜

『吾妻鏡』文治五(一一八九)年九月二八日条には、奥州合戦で勝利した源頼朝が鎌倉に戻る途中に立ち寄ったという達谷窟《たっこくのいわや》(田谷窟)に関する記事があって(図Ⅰ-2)、ここには坂上田村麻呂に滅ぼされたという悪路王《あくろおう》の伝説が残されており、この洞窟を北に一〇日余り進むと外ヶ浜だとする点が興味深い。田村麻呂との関係から、悪路王は蝦夷の首領・阿弖流為《あてるい》の転訛《てんか》で、胆

図Ⅰ-2　頼朝が立ち寄ったとされる達谷窟（岩手県西磐井郡平泉町，著者撮影）

沢城一帯を指す地名ともされており、悪路王伝説は東北北部に広く分布している（外山至生「悪路王伝説の考察」）。

これに関して、延文《えんぶん》元（一三五六）年成立の権祝《ごんはふり》本『諏訪《すわ》大明神《だいみょうじん》絵詞《えことば》』（『神道史研究』四三―二・三）中では、坂上田村麻呂が討ったのは高丸《たかまる》城（達谷窟）を本拠とする「東夷安倍高丸」だとしており、同書下には、蝦夷管領安藤氏の説明として「安藤太《あんどうた》と云う物（者）を蝦夷の管領とす。此は上古に安倍氏悪事の高丸と云ける勇士の後胤《こういん》なり」とある。つまり悪路王は、古代東北奥六郡の支配者・安倍氏のこととされ、中世の蝦夷管領・安藤氏は、その末裔とされている（図Ⅰ―3）。

とくに安倍氏について、安藤氏の後を承けた松前氏の『新羅之記録』や、安藤氏の後裔である秋田氏の「秋田家系図」（『能代市史』資料編中世二）などの近世史料は、神武《じんむ》天皇の東征に抗して敗れた長髄彦《ながすねひこ》を祖先としている。ただ前者では「他化自在天王《たけじざいてんおう》（第六天）の内臣安日《ないしんあんじつ》の長髄」

が捕らえられて、また後者では、弟の「長髄彦」は誅せられたが兄の「安日王」は許されて、それぞれ北海の外ヶ浜安東浦《あんどううら》に放逐されて醜蛮と呼ばれ、後に安日を「安倍」に改めたとしている。

さらに安日については、すでにその原型が鎌倉末期に成立していたとされる妙本寺本『曽我物語』冒頭に、神代の後には「安日と云う鬼王」が七〇〇〇年間支配していたが、神武天皇の出現によって「安日が部類をば、東国外の浜へ追下《おいくだ》せら」れたといい、「今の醜蛮と申すは是なり」とみえ、同書の校注によれば、本門寺《ほんもんじ》本には醜蛮に「ヱゾ」の振り仮名があるという。こうした伝承が、やがて蝦夷の王であった安倍氏に結びつけられ、さらには安倍氏を名乗る安藤氏の系譜に位置づけられることとなった。

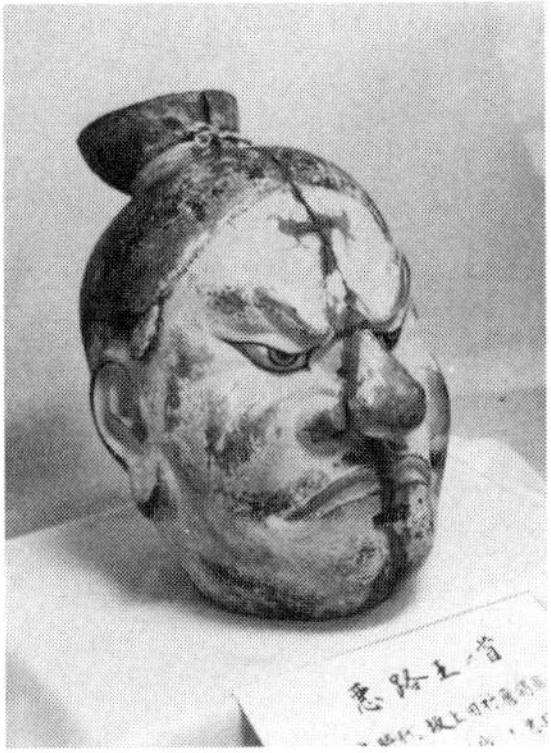

図Ⅰ-3　悪路王の首(鹿島神宮宝物館所蔵, 著者撮影)

この背景には古代東北の覇者としての安倍氏の根強い地域伝承もあったが、京・鎌倉にも蝦夷の支配者としての安倍伝説が流布しており、これが南北朝期頃に東北にも及んだことから、安藤氏は安倍氏の末裔を自称して、古代蝦夷に連なる在地性を誇示したという。しかも安日も安倍氏も、かつては朝敵とされたが、室町期頃から「百王説」

つまり一〇〇代を限りとする皇統断絶説や、第六天魔王が天照大神に国を譲ったなどとする魔王伝説が浸透し、かつての朝敵認識が大きく逆転したために、北の境界領域の支配者であった安藤氏は、安倍氏や安日を祖とすることができたと考えられている（入間田宣夫『中世武士団の自己認識』）。

いずれにせよ、これは、かつて京都出身の平泉藤原氏が自らを俘囚の長として蝦夷の系譜に位置づけたのと同じで（本書二七頁参照）、蝦夷支配に不可欠の論理だったと思われる。安藤氏は、こうして鬼神や悪王が住むとされる蝦夷の地との関係を、伝説を利用して維持してきたからこそ、蝦夷管領の主家である北条得宗家が滅亡した南北朝期後も、それまで同様に勢力を維持しつづけることが可能だったのである。

中世後期の蝦夷地

この時期に書かれた蝦夷地の記録としては、文保《ぶんぽう》二（一三一八）年の成立と推定される文保本系の醍醐《だいご》寺《じ》本『聖徳太子伝記』に、敏達《びだつ》天皇の代に「千嶋の荒夷《あらえびす》」の四将軍が数千万億の軍兵を率い、その先陣が大和三輪山《みわやま》の北に陣取ったが、これに一〇歳の太子が立ち向かい、神力を発揮して退散させたという話がある（『聖徳太子全集』復刻版二）。そして同書には「彼《か》の夷《えびす》どもが形は鬼神に同じ。力用《もちい》るに自在なり。或《あるい》は放つ矢前《やさき》に毒を塗り」という記述もあり、北海道に住み毒矢を用いる蝦夷が、まさに鬼神のような一つの脅威と認識されていたことが知られる（児島恭子『アイヌ民族史の研究』）。

しかし、この時期には現実に、むしろ和人系の人々が北海道に進出していた。先の『諏訪大明神絵詞』下によれば、「蝦夷カ千島」には、「日ノ本《ひのもと》」「唐子《からこ》」「渡党《わたりとう》」の三類がおり、日ノ本と唐子は言葉が通ぜず、禽獣《きんじゅう》・魚類を食して五穀の農耕を知らないが、渡党については、全体に毛深いが和人に似ており言語も大半は通じるという。考古学的には、日ノ本は太平洋沿岸部、唐子は日本海沿岸部のアイヌ民族で、彼らには擦文文化的要素が強いが、渡党はアイヌ系の擦文文化に東北和人の土師器文化を融合させたような特色をもつとされる（瀬川拓郎『アイヌ学入門』）。

先の『新羅之記録』が渡党を流刑などで夷島に渡った人々の末裔とする記述からも（本書三一頁参照）、彼らはもともとは和人系の人々と考えてよいだろう。その多くは、権祝本『諏訪大明神絵詞』によれば「宇曽利鶴子別《うそりつるこべつ》（箱館）」と「前堂宇満伊犬《まとうまいぬ》（松前）」から「奥州津軽外の浜」に往来して交易に従事したといい、これを統制していたのが外ヶ浜の安藤氏であった。

そして南北朝期を過ぎた頃から、彼らの活動によって、北海道からの産品が大量に全国流通するようになる。中央の支配者層は、古代からの金や馬のほか獣皮や矢羽根類を好み、『後鑑《のちかがみ》』巻一三六によれば、応永《おうえい》三〇（一四二三）年には、安藤氏から室町将軍・足利義量《あしかがよしかず》に「馬二十匹・鳥五千羽・鵞眼《がもく》(銭)二万匹・海虎皮《らっこがわ》三十枚・昆布五百把」が贈られている。

さらに室町初期頃の『庭訓往来《ていきんおうらい》』四月条返には、「宇賀《うが》の昆布・夷鮭《えぞさけ》」とあり、北海道の特産として昆布と鮭が挙げられている。とくに蝦夷地以外では入手が難しい昆布は、室町期に成立した和食の出汁に不可欠の食材で、狂言『昆布売《こぶうり》』には、若狭小浜《わかさおばま》の昆布売が京都で売りさばき大もうけしたという話があり(『能狂言』上)、とくに商品価値の高い特産物であった。こうした蝦夷地との交易による利益は大きく、安藤氏は小浜の羽賀《はが》寺修復に巨額の援助を行っている。

蝦夷地への和人集住

また『新羅之記録』によれば、「宇須岸《うすけし》(箱館)」の全盛時には毎年三回若狭から商船が来て、和人の問屋街に船を繋ぎ居住していたとある。ちなみに函館市の志海苔《しのり》館《たて》付近からは、室町初期の埋蔵と推定される古銭が大甕《おおがめ》三つに四〇万枚近くも出土しており、交易による利益の高さが窺われる。

安藤氏は、南北朝末期以降に「安東氏」と称して、室町幕府と深い関係を保った。『新羅之記録』に、「そもそも狄《えぞ》の嶋、古《いにし》え安東家の領地たりしことは、津軽を知行し十三之湊に在城して、海上を隔つといえども、近国たるによつて、この島を領せしむ」とあるように、十三湊に本拠をおきつつ蝦夷地の支配を行っていた。しかし幕府の弱体後、関東管領と結んだ南部氏《なんぶ》の北進によって、被官ともども十三湊を追われ道南に逃走した。

こうして一五世紀頃には、安東氏は北海道に本拠を移し、被官たちも道南十二館《どうなんじゅうにたて》と呼ばれる拠点を築いて、海岸部に和人の定住地が形成されるにいたった。康正《こうしょう》二（一四五六）年に安東政季《まさすえ》は、これらの館を、下之国《しものくに》・松前・上之国《かみのくに》の三地域に区分し、主な館に一族を配して守護職をおく体制を敷いた。こうした和人の蝦夷地進出は、アイヌ民族との間の矛盾を激化させ、ついには翌長禄《ちょうろく》元年にコシャマインの戦いと呼ばれるアイヌの蜂起が始まり、十二館のほとんどが陥落した。この時、上之国の蠣崎季繁《かきざきすえしげ》の花沢館《はなざわたて》に身を寄せていた武田信広《たけだのぶひろ》の活躍で形勢を挽回し、やっと同二年に、その鎮圧に成功した。

もともと信広は若狭の商人的武士であったと考えられるが、これを機に安東政季の娘を養女としていた蠣崎季繁の婿となり、上之国守護としての実権を握って蠣崎氏を継承した。いっぽう安東政季は、再び秋田に戻り、やがて檜山《ひやま》城（能代《のしろ》市）を拠点として、その一族が出羽で勢力を拡大させ、やがて近世大名・秋田氏の祖となった。また蠣崎氏は、檜山安東氏の承認を得つつ、最終的には松前に拠点を移して、下之国・松前・上之国の支配権を実質的に掌握し、近世・松前藩の基礎を築いた。

この間、コシャマインの戦い以降も、和人とアイヌの抗争が続いたが、天文《てんぶん》一九（一五五〇）

年に蠣崎季広は宝物を与えてアイヌと講和を結び、商船往還の法度を定めた旨が『新羅之記録』にみえる。季広は志利内《しりうち》（知内）のチコモタインと勢田内《せたな》（瀬棚）のハシタインを、それぞれ東西蝦夷の長として、蝦夷の交易船を必ず知内と天の川《あまがわ》（上ノ国町）に停泊させる体制を築いた。これによって松前を境に、チコモタインにその西部の、またハシタインにその東部の交易管轄権を、それぞれ認めたのである。

そして蠣崎氏は諸国から松前に来る和船の商人への課税権を掌握し、その一部をそれぞれに夷役《いやく》として彼らに与えることを約した。安東氏の管轄下で蠣崎氏は、和人と蝦夷との交易についてのみ関与したにすぎなかったが、これを契機に瀬棚から知内にいたる渡島半島南部を中心に和人地が形成され、和人の集住化が進んだ（海保嶺夫『中世の蝦夷地』）。

義経、蝦夷地へ渡る

こうして中世後期に和人の蝦夷地への進出が本格化するなかで、ついに義経も蝦夷地に渡ることとなる。覚一本『平家物語』巻一一では、鎌倉に入ろうとして腰越《こしごえ》で待たされた義経が、伴ってきた敵将・平宗盛《むねもり》に、自らの勲功に代えても命は守ると慰めると、「たといゑぞが千嶋なりとも」流人として生き延びたいと宗盛は答えている。また『義経記』（『判官物語』糸山田本）巻五でも、忠臣・佐藤忠信が義経を守る言葉として「西は西海博多《さいかいはかた》の津……東は蝦夷が千島までも、御供申さんずるぞ」と述べている。だが少なくとも義経伝説の母胎となる二つの物語には、北海道と義経との直接的な関係を見いだすことができない。

しかし先にみた『聖徳太子伝記』(本書四〇頁参照)同様、太子の伝記にかかわる史料『聖徳太子伝』の山田本系・四天王寺本《してんのうじ》(『中世聖徳太子伝集成』四)には、さまざまな故事・説話類を援用した豊富な注釈的内容が含まれており、密教的色彩が強いとされているが、蝦夷に関する太子一〇歳の条には、義経を蝦夷地に引き寄せるような挿話が登場する。

それは義経が初めて平泉に下った時、秀衡は義経に蝦夷島の女房を仕えさせたという話である。この女房は蝦夷のうち島の党の出身で島先御前《しまさきごぜん》といい、はじめは化け物のように思えたが、化粧をさせ着飾らせると美しく、アイヌ語で和歌を詠むなどして、義経の心を動かしたとする。おそらく元本の成立は鎌倉末期であるが、同書は室町期の写本であり、書写の過程で、さまざまな注釈が挿入・加筆された可能性が高い(牧野和夫「中世の学問(注釈)の一隅」)。この挿話も、そうした室町期における新しい情報に基づくものなのだろう。

ただ明確に義経と蝦夷島とが結びつけられるようになるのは、室町期の御伽草子《おとぎぞうし》『御曹子島渡《おんぞうししまわたり》』(日本古典文学大系本)においてである。その橋渡し役も秀衡で、平泉藤原氏が蝦夷地との糸口となっている。平家征討に赴こうとする義経に、秀衡は蝦夷ガ島に住むかねひら大王が有する「大日《だいにち》の法」という兵法書を手に入れれば、日本の国は思うがままになるという。これを入手するべく、義経は「四国とさのみなと」(津軽十三湊の誤)から、長い日数をかけ裸島《はだかじま》や女護島《にょごがしま》などを経て蝦夷島に着き、やっと大王に会うことができる。

鬼のような大王に、義経は得意の笛を聞かせることなどで取り入り、いくつかの兵法は教示されたが、肝心の「大日の法」については簡単には教えてくれない。ところが大王には天女《てんにょ》という娘がおり、義経は彼女に男を恋慕する女心の曲・想夫恋《そうふれん》を聞かせるなどして心を寄せ契りを結ぶ。そこで天女は、父の大王には内緒で「大日の法」の在処《ありか》を教え、これを義経が三日三晩かけて写し終わると巻物は白紙となってしまった。これを知った大王は、怒って娘を殺してしまうが、その前に彼女から教わった兵法の術で、義経は日本へ逃げ帰り、この「大日の法」の力で平家を滅ぼし源氏の世になったという結末で終わる。

この話は、『義経記』巻二に登場する陰陽師《おんみょうじ》・鬼一法眼の物語を下敷きとし、舞台を蝦夷島に移したものである。『義経記』では、秀衡の元を離れて京都へ行き、一条に住む鬼一法眼が秘蔵する兵法書『六韜《りくとう》』を、その娘(他では皆鶴姫《みなづるひめ》)と恋仲になったことで、法眼に隠れて読むことができたという話となっている。

この逸話は、一連の鬼一法眼物や御伽草子あるいは舞の本などの皆鶴姫物として広く知られるが、同じく室町後期の古写本『天狗《てんぐ》の内裏《だいり》』(『室町時代物語大成』九)では、ややバリエーションを異にして、義経は四国の法眼から一人娘の皆鶴女と契って巻物を盗み、さらに日本の東北に位置する「きまんこく（鬼満国）という」「おにのしま（鬼の島）」に渡り、鬼の大将・八面《はちめん》大王の娘である朝日天女と契って四二巻の虎の巻物を得たことで、平家を滅ぼしたとする。いずれにせよ『義経記』における鬼一法眼の話が核となって、『御曹子島渡』が成立し、義経は北海道の地を踏むことになるのである。ただ室町期まではあくまでも、義経の渡海は源平合戦以前のこととされている点に注意しておきたい。

第二章　南の為朝伝説――南九州から琉球へ

1　交易ににぎわう南の島々

海外交易と坊津

先にみたように『唐大和上東征伝』によれば、鑑真は天平勝宝五(七五三)年に沖縄・屋久島経由で「薩摩国阿多郡秋妻《あきめ》屋《や》浦《うら》」に上陸したというが、これは現・鹿児島県南さつま市坊津の秋目《あきめ》と考えられる。坊浦《ぼうのうら》・泊《とまり》浦・久志《くし》浦・秋目浦の四浦からなる坊津は、いずれもリアス式海岸の良港で、古くからの海上交通の要衝とされ、遣唐使船の寄港地でもあった。

貞応《じょうおう》二(一二二三)年の年紀を有する『廻船式目《かいせんしきもく》』は、室町末期頃に作成された偽書ではあるが、その作成にあたった三人のうちに「薩摩坊之津飯田《いいだ》備前守《びぜんのかみ》」の名がみえるほか、明《みん》代の『武備志《ぶびし》』巻二三一でも、坊津・博多津・安濃津《あのつ》を日本三津とし、なかでも坊津が「総路」としてもっとも重視されている。

少なくとも室町後期の坊津は、かなり重要な対外的港湾であったことが窺われるが、鑑真の話からも推定されるように、九州南部の方が博多以上に南島との関係が強かったとすべきだろう。この一一世紀前半頃の大隅・薩摩両国からの中央貴族への進物品には、檳榔《びんろう》・絹・色皮《いろかわ》・蛍貝(蛍貝《ほたるがい》)・蘇芳《すおう》・茶碗・唐硯《とうけん》・赤木《あかぎ》・夜久貝《やくがい》などがあり、このうち茶碗・唐硯・蘇芳などは、中国からの輸入品であろうが、檳榔・蛍貝(螺鈿《らでん》用か)・夜久貝・赤木などは、南島からの交易品とみてよいだろう(永山修一「『小右記』に見える大隅・薩摩からの進物記事の周辺」)。

万之瀬川下流遺跡群と南島

また、ほぼ同時期の『新猿楽記《しんさるがくき》』には、八郎《はちろう》の真人《まひと》という商人が登場し、上記のような産品を含む唐物や本朝物を扱っているが、その活動範囲については、「東は俘囚之地に臻《いた》り、西は貴賀之嶋《きがのしま》に渡る」とあり、その範域は津軽や薩南諸島にまで及んでいたことになる。そして坊津や博多それに後述の万之瀬《まのせ》川下流域付近にも、唐人《とうじん》・唐仁《とうじん》などの地名が残り、これらは中国商人の居留地跡と考えられており、海外との盛んな交流があったことを示している。

近年、坊津北部の吹上浜《ふきあげはま》に流入する万之瀬川下流域で発掘が進み、一一〜一五世紀にかけての貿易陶磁類が、南九州では最大量出土し、ここが古代末期から中世にかけての貿易上の拠点であったことが知られるようになった。

これらの遺跡群は、特徴的な三つの地域に分かれるという。①万之瀬川北方の小薗《こぞの》遺跡のほか金峰《きんぽう》山や観音《かんのん》寺などの宗教的拠点、②万之瀬川右岸沿いの持躰松《もったいまつ》遺跡や渡畑《わたりばた》遺跡・芝原《しばはら》遺跡などの交易的拠点、③万之瀬川河口部に近い高橋薬師堂のある高橋郷《たかはしごう》を中心とし対岸に唐坊《とうぼう》・唐人原《とうじんばる》の地名が残る支配的拠点、の三つで、これらは河辺郡に属する高橋郷(加世田《かせだ》)の中国商人の居留地を除けば、すべて阿多隼人ゆかりの阿多郡に含まれる(市村高男「一一〜一五世紀の万之瀬川河口の性格と持躰松遺跡」)。

なかでも持躰松遺跡などからは、とくに一二世紀中期から一三世紀前半頃の青磁《せいじ》・白磁《はくじ》の貿易陶磁が大量に出土し、その内容は高級な威信財から一般的食膳具・貯蔵具まで多岐にわたるほか、国内の各地から運ばれた土器・陶磁器類も少なくない。しかも国内製品の搬入ルートは博多・大宰府を経由しない畿内・瀬戸内からの東・南ルートであり、同時期における南九州最大の対外・対内的交易拠点であったとされている(山本信夫「一二世紀前後陶磁器から見た持躰松遺跡の評価」)。

また国内製品のうちには徳之島《とくのしま》製のカムィヤキや肥前西彼杵《ひぜんにしそのぎ》半島原産の滑石《かっせき》製石鍋もあり、これらは後述するように、南西諸島交易の重要品目であった。さらに奄美大島宇検《うけん》村の倉木崎《くらきざき》海底遺跡からは、多くの中国製貿易陶磁が検出されているが、その時期と内容構成は持躰松遺跡の出土品に酷似しており、万之瀬川下流域の貿易拠点が、南西諸島との交易に深く関わっていたことが想像される（柳原敏昭「平安末～鎌倉期の万之瀬川下流域」）。

中世前期の中国との対外交易においては、博多・大宰府とは異なり、沖縄を見据えた南西諸島経由の独自な流通網があって、その中心的な拠点が、阿多郡の万之瀬川下流域に存在していた点に注目すべきだろう。

阿多忠景と為朝

そして平安末期に、この万之瀬川下流域に最大の勢力を有していたのが、為朝の舅《しゅうと》にあたる阿《あ》多《た》忠景《ただかげ》であった。半井《なからい》本『保元物語』（新日本古典文学大系本）上には、九州に下った為朝が、「アワの平四郎忠景」の婿となり、「忠景を案内者」として各地を攻め従えて、総追捕使《そうついぶし》を私称した旨がみえる。ただ「アワ」は金比羅本（日本古典文学大系本）では「阿蘇《あそ》平四郎忠景」ともされるが、平姓などの問題から「アタ」の誤りとすべきで、阿多忠景のこととされている（栗林文夫「阿多忠景と源為朝」）。

阿多忠景は、保延《ほうえん》四（一一三八）年一一月一五日の薩摩国阿多郡司平忠景解案《げあん》（二階堂文書、『平安遺文』二三九八）によれば、財久吉《ざいひさよし》の仮名を用いて、郡内相伝の私領を万之瀬川北方の観音寺に寄進しており、阿多郡の郡司で開発領主的な存在であったことが窺われる。

すでに南九州には、大宰大監《だいげん》平季基《すえもと》が関白・藤原頼通《よりみち》に寄進した島津荘が万寿《まんじゅ》三（一〇二六）

年に成立していた。当初は日向国島津院（宮崎県都城《みやこのじょう》市）が中心であったが、後に急速な荘域の拡大を遂げて、大隅・薩摩にも及び八〇〇〇町歩以上の巨大荘園に成長した。これは同じく辺境の地であった東北に広大な摂関家領荘園が成立したことと対応している。

万之瀬川下流域のうち、河辺郡は島津荘の寄郡《よせごおり》となったが、阿多郡は薩摩国では唯一の島津荘に属さない大宰府領であった。後の建久八（一一九七）年六月の薩摩国図田帳写（島津家文書、『鎌倉遺文』九二三）には、公領一九五町四反のうちに久吉一四五町と高橋五〇町がみえ、阿多郡の大部分が久吉つまり忠景によって開発集積された名田《みょうでん》であり、このうち古くからの所領である高橋に忠景の根拠地があったと考えられている。

この忠景は、薩摩国押領使となり大隅・日向・薩摩三国の住人たちを統率し、南九州一帯に強大な勢力を有していたが、『山槐記《さんかいき》』によれば、永暦《えいりゃく》元（一一六〇）年に薩摩の相撲人《すまいびと》に対して押領などの反乱事件を起こしていた（同七月八日条）。その後に勅勘《ちょっかん》を蒙《こうむ》って「貴海島」へ逐電したことに関しては『吾妻鏡』文治三（一一八七）年九月二二日条に詳しい。貴海島は「古来、船帆を飛ばす者無し」という通航の難しい島で、平氏政権下で軍船を遣わし忠景の追討を試みたが、風波を凌ぐことが難しく、空しく帰洛せざるを得なかったという。

いずれにしても忠景の勢力の背景には、万之瀬川下流域のような交易拠点が存在した点を重視すべきで、だからこそ貴海島への容易な逃亡が可能だったのだろう。こうした忠景と為朝が舅と婿の関係にあったことは、名門の軍事貴族である義経と藤原秀衡の関係や、蝦夷地への起点としての平泉という問題に呼応する。つまり忠景にしても、義経と同じ清和源氏の血をひく為朝との関係は、その勢力拡大に不可欠な条件であり、その勢力拠点が南西諸島への起点・万之瀬川下流域であったことが、後に為朝伝説を沖縄へ結びつける伏線となった。

なお文治年間に薩摩で反乱を起こした豊後《ぶんご》冠者《かじゃ》義実《よしざね》については、『尊卑分脈』(第三編)にみえる為朝の子・上西門院《じょうさいもんいん》判官代義実と同一人物で、文治元(一一八五)年に義経が九州への逃亡を企てた際に、頼みにした豊後武士の一人であったという(江平望「豊後冠者義実について」)。ちなみに義経が九州への脱出に成功していたら、彼が平泉に行くことはなかっただろう。

また半井本『保元物語』下では、形勢が不利となった段階で父・為義に為朝が、次のような政権構想を語っている。それは坂東《ばんどう》に下って平将門《まさかど》の時のように、為朝を「親王《しんのう》(新皇の誤)」として、平泉の藤原基衡と組み、四男の頼賢《よりかた》を奥の大将軍とするというものであった。あくまでも物語上の仮定にすぎないが、もし実現していれば、北の義経と南の為朝という英雄伝説は、逆転していたかもしれない。

境界領域としてのキカイ

阿多忠景が逃亡した貴海島に関しては、俊寛僧都《しゅんかんそうず》らが流されたキカイガシマが想起されるが、覚一本『平家物語』巻二には、この「鬼界が嶋」について「おのずから人はあれども、此土《このど》の人にも似ず、色黒うして牛の如し。身には頻《しきり》に毛おいつゝ、云詞《いうことば》も聞《きき》しらず」とあり、さらに延慶本第一末に「偏《ひとえ》に鬼の如し」と記されたように、ヤマトとは全く異なる鬼の世界と認識されていた。ただ覚一本巻三には、「商人船」が通い「九国よりかよう商人に」逢うとあるように、同時にヤマトとの交易も盛んであったことも注目される。

　ところで、この流刑地としても知られるキカイガシマについては、薩摩硫黄《いおう》島と喜界島とが混同されてきたという事情がある。俊寛たちが流されたのは、同書における火山や硫黄の記述などからみても薩摩硫黄島でしかありえない。名称としては奄美大島の東部に位置する喜界島を連想しがちであるが、もともとキカイは広域名称で、一〇世紀末頃からは奄美とは区別される南島の呼称として用いられてきた（永山修一「キカイガシマ・イオウガシマ考」）。

　こうした混同は『平家物語』系の諸本に著しく、長門本巻四には、「きかいは十二の嶋なれば、くち五嶋は日本にしたか（従）えり、おく七嶋はいまだ我朝にはしたか（従）わずといえり」とあるが、続けて「ゐらぶ・おきなわ・きかいが嶋」の名を挙げている。これに対して延慶本第一末は「鬼界嶋は異名也。惣名《そうみょう》をば流黄嶋《いおうのしま》とぞ申しける……奥七嶋《おくななしま》と申は、未だ此土の人の渡《わたり》たる事なし。端五嶋の中に流黄の出る嶋々をば、油黄《いおう》の嶋と名付たり」と記しているが、これは薩摩硫黄島だろう。

つまり総称としてのキカイのうち、口五島《くちいつしま》は日本に従ったが、奥七島《おくななしま》には支配が及ばず、まさしくキカイは境界領域に属していたといえよう。なお口五島とは硫黄島・黒島・竹島・屋久島(あるいは宇治群島)・口永良部《くちのえらぶ》島(あるいは草垣《くさがき》群島)とされ、奥七島とはトカラ列島の口之島《くちのしま》・中之島《なかのしま》・臥蛇島《がじゃじま》・平島《たいらじま》・諏訪之瀬島《すわのせじま》・悪石島《あくせきじま》・宝島《たからじま》を指すが、島名としての「きかいが島」は喜界島とみてよく、奥七島の奥に永良部島(沖永良部島)・沖縄・喜界島があったと解することができる(村井章介『日本中世境界史論』)。

すでに『日本紀略』長徳《ちょうとく》三(九九七)年(一〇月一日条)に「南蛮《なんばん》管内の諸国に乱入し人物を奪い取る」とみえ、翌四年(九月一四日条)には、大宰府が「貴駕嶋に南蛮を捕進すべきの由を下知《げち》す」としている。なお『小右記《しょうゆうき》』長徳三年同日条には、「奄美島人」が武装して船で押し寄せ大宰府管内で掠奪を働いたとあるから、南蛮とは奄美のことで、大宰府の管轄下におかれた「貴駕嶋」つまり喜界島が、奄美大島と対抗関係にあったことが窺われる。なお喜界島には、後に本章第三節で詳しく述べる城久《ぐすく》遺跡群があり、この時期に大宰府と密接な関係にある集団が存在していたことに留意すべきだろう(本書七六頁参照)。

それゆえ、おそらく忠景が逃れた「貴海島」も喜界島であった可能性が高く、こうした南島における拠点基地と密接な関係を有していたことが、その交易活動に大きな役割を果たしたと考えられる。先の『吾妻鏡』の忠景の逐電記事は、おそらく豊後冠者義実を含むと思われる義経与同の輩が貴海島に渡ったため、頼朝の命で行われた宇都宮信房《うつのみやのぶふさ》と天野遠景《あまのとおかげ》による追討との関連で引かれたものであった。同書文治四(一一八八)年五月一七日条では、信房と遠景が「貴賀井嶋」征討に成功した旨が記されている。義実らの逃亡先もまた万之瀬川下流域から延びる交易圏の一部であった点に注目したい。

ちなみに喜界島北西部の小野津《おのつ》には、伊豆大島を出た為朝が、最初に上陸した地とする雁股《かりまた》の泉の伝説がある(図I-4)。ここには八幡神社が建立されているが、万之瀬川下流域の交易拠点を押さえ、貴海島へ逃れたという舅・阿多忠景の存在は、為朝伝説がさらに喜界島から沖縄へと飛躍するための大きな要因の一つとなった。おそらく忠景と関係の深い地を拠点に、活発に動き回った商人的武士たちが、その娘婿である貴種的英雄・為朝という人物の物語を、南海の各地に語り伝えたものと考えることができよう。

図I-4　為朝が上陸したとされる雁股の泉(喜界島・小野津，著者撮影)

伝説成立期の南島

いずれにせよ先の頼朝が命じた貴海島征討によって、口（端）と奥の一二島に地頭職が設定され、新たに日本の領域は拡大した。古本から流布本への過程を示すとされる古活字《こかつじ》一〇行本『曽我物語』（日本古典文学大系本）の巻二には、安達盛長《あだちもりなが》と大庭景信《おおばかげのぶ》が同じ源頼朝の箱根参詣の夢を見たが、景信の言として「（頼朝が）左右の御足にて、外浜と鬼界島をふみ給いけるは、秋津《あきつ》洲《しま》のこりなく、したがえさせたまうべきにや」とある。また古態を残す真名《まな》本『曽我物語』（平凡社東洋文庫本）巻二にも似たような表現が存在することから、おそらく鎌倉末期頃には、北は外ヶ浜から南は喜界島までの地に、頼朝の軍事政権の支配が及んでいたという認識が、広く浸透していたと考えてよいだろう。

なお南九州では、平家の追撃による阿多忠景の貴海島逐電後、為朝が京都に戻ったためか、その権益は養子で平家方に与した阿多四郎宣澄《のぶずみ》に継承された。しかし源氏が全国を制覇すると、その所領は平家没官《もっかん》領として頼朝の差配するところとなって、島津（惟宗《これむね》）氏など多くの関東御家人が現地支配者として送り込まれてきた。阿多郡では御家人の鮫島《さめじま》（佐女島）氏が地頭に任ぜられ、河辺郡の地頭職は島津氏が相伝したが、おそらく承久《じょうきゅう》の乱後に、北条得宗家が実質的に領有するところとなった。

その後、嘉元《かげん》四（一三〇六）年四月一四日の千《ち》竈時家《かまときいえ》処分状（千竈文書、『鎌倉遺文』二二六〇八）

には、本貫《ほんがん》の尾張《おわり》千竈郷以外の所領も含まれており、薩摩国河辺郡のうちとされる坊津・大泊津のほか、口五島・わさのしま(臥蛇島か)・喜界島・奄美大島・口永良部島・七島・徳之島・屋久島下郡と思われる島々が登場する。しかも河辺郡と薩南・奄美諸島に関する権益については、その譲状に北条得宗家による安堵が加えられており、千竈氏の立場は得宗家の代官であったことがわかる(小田雄三「嘉元四年千竈時家処分状について」)。

この処分状に示された千竈氏の権益は、農業生産物を対象とした郷村と直営田、それに交易利権を生む津と島であり、これらは北の津軽安藤氏の場合と全く同じで、同様の経済構造に支えられていたことになる。また弘安《こうあん》二(一二七九)年四月一一日の六波羅《ろくはら》御教書案《みぎょうしょ》(台明寺《だいみょうじ》文書、『鎌倉遺文』一三五五〇)によれば、千竈氏は硫黄島への殺害人流刑の実務にも関与しており、これも安藤氏の蝦夷管領権と同様の権限であった(村井章介『日本中世境界史論』)。

こうしてヤマトの北と南の境界領域では、異域の交易と管理に関わる権益が重要な位置を占めており、これを幕府中枢の北条得宗家が押さえて、北の安藤氏と南の千竈氏を駆使していたのである。ただ「きかい」の「十二島地頭職」は、本来は島津氏の所有であったが、得宗家が河辺郡の郡司職を有していたことから、これを根拠に千竈氏の支配が一二島のみならず奄美大島や徳之島にまでいたるところとなった。

しかし正慶《しょうきょう》二(元弘《げんこう》三=一三三三)年に北条氏が滅ぶと千竈氏も大打撃を被り、代わりに島津氏が勢力を回復して、旧来の「十二島地頭職」の保持を主張し、薩南・奄美諸島の権益を自らのものとして、沖縄へと通ずる道筋を確保した。さらに薩南・奄美諸島の海域は、沖縄のみならず朝鮮半島へも繋がるものであったという指摘も重要だろう(村井前掲)。

2　南下する為朝

為朝伝説はどう生まれたか

為朝に関しては義経以上に史料が少なく、確実な同時代史料は、摂関家の家司《けいし》を務めた平信《のぶ》範《のり》の日記『兵範記《へいはんき》』と左大臣藤原頼長《よりなが》の日記『台記《たいき》』のみである。それも前者には裏書で、「男為知(朝)、鎮西に於いて事濫行《らんぎょう》を為し、其《そ》の間《かん》制止を加えず、召進せざるの犯《はん》なり」という理由で、父・源為義が左衛門尉《さえもんのじょう》検非違使《けびいし》の官職を解かれたとあり(久寿《きゅうじゅ》元＝一一五四年一一月二六日条)、後者にもほぼ同様の記事がみえる程度にすぎない(同日条)。なお『兵範記』には、保元元(一一五六)年八月二六日条に為朝が近江《おうみ》の坂田《さかた》付近で源重貞《しげさだ》によって捕らえられたとあるが、その間の行動に関する記録は全く残らない。

ただ南北朝期に編纂された系図集『尊卑分脈』(第三編)には、簡潔に為朝の生涯が記されており、為義の八男で母は江《え》口《ぐち》の遊女とされ、「日本第一健弓大矢　猛将也」「大精兵《だいせいびょう》」という表現がみえる。そして保元の乱では、とくに仙洞御所《せんとうごしょ》の防戦で大活躍して多くの人馬を傷つけ、近江で捕らえられた後に、左右の肩を抜かれて伊豆大島への流罪となったとし、鬼島《おにがしま》に渡った旨も記されている。さらに伊豆大島でも、八丈島を含む伊豆七島を押領したため、伊豆守である工藤茂光《くどうしげみつ》に追討され、京都へ送られて獄門に梟《さら》されたとしている。

また直接的な伝聞としては、『吾妻鏡』建久二(一一九一)年八月一日条に、長老の大庭景義《かげよし》(能)が保元の乱で為朝と対戦した話がある。大炊御門《おおいみかど》の河原の戦いで景義は、為朝の矢を膝に受けたが、「鎮西八郎(為朝)は吾朝無双弓矢達者也」という賞賛に続けて、「弓箭《ゆみや》の寸法を案ずるに、其の涯分《がいぶん》に過ぐる歟《か》」としており、身体に比して大きい弓矢を使用していたのを実見したという。

なお鎌倉時代初期の歴史書『愚管抄《ぐかんしょう》』巻四に、源為義が崇徳院の下へ馳せ参じた時の描写がある。この時に為義は、郎従どもは長男の義朝《よしとも》に従い後白河天皇方に付いたために、四男の頼賢と八男の為朝だけを伴って参上した。この二人を為義は「わずかに小男二人」と表現している。これは年少の意もしくは父としての謙遜とも取れるが、先の『吾妻鏡』における為朝の身体と弓との関係を考慮すれば、大男というイメージとは異なってくる。

これだけの史料しかないのに、為朝が豪壮な武士として知られているのは、『保元物語』に豊富な描写が存在するからである。『保元物語』もまた琵琶法師たちによって語られた語り物ではあるが、『平家物語』と同様に、実際の戦闘については「合戦記」によったとされている。従って合戦の経緯や軍功などは、史実に沿ったものとみなすことができる。ただ為朝の造形と活躍には物語としての粉飾がかなり濃いとすべきだろう。

とくに『保元物語』は、敗者の側からの視点に立つもので、主なモチーフは崇徳院鎮魂と為朝英雄化にあり、為朝には、百戦錬磨の武勇の士、独立独歩の人物、反権力的で奔放な存在、親を思う情感の人、という特質が与えられている。それゆえ古態を示す半井本『保元物語』などでは、「新院《しんいん》血を以て御経《おんきょう》の奥に御誓状《ごせいじょう》の事　付けたり崩御の事」に加えて「為朝鬼島に渡る事　并《なら》びに最後の事」が末尾におかれ、崇徳院怨霊の鎮静と為朝の自害で物語が閉じられる。しかし軍記物としての性格が強い金比羅《こんぴら》本では、本文中で為朝の活躍ぶりを詳細に描く代わりに、伝奇的傾向の強い為朝最後の最終段が省かれている（麻原美子「『保元物語』試論」）。

この最終段のうち鬼島渡海譚は伝奇性が高く、為朝伝説にとって注目すべき内容を有するが、これに関しては項を改め（本書六五頁参照）、ここでは為朝の最後をみておきたい。『保元物語』以外の史料として、『尊卑分脈』（第三編）は、安元《あんげん》二（一一七六）年（同三年ともする）三月六日に「工藤介茂光に追討せられ畢《おわん》ぬ」とするだけで、室町期に編纂された『大乗院日記目録《だいじょういんにっきもくろく》』でも同日条に、単に「鎮西八郎為朝、誅せらる」と記すにすぎない。しかし半井本などの最終段では、為朝は雲霞《うんか》の如き敵に攻められ大奮戦するが、独り疲れて討たれるのは口惜しいので、島で生まれ育った我が子の為頼《ためより》(『尊卑分脈』は存疑と扱う)を殺し自ら切腹したとする。

これを半井本は為朝二八歳のこととするが年次を欠き、諸本も年次を明記しないが、古活字本(日本古典文学大系本付録)系だけは、為朝の自害を嘉応《かおう》二(一一七〇)年四月、三三歳のこととしている。なお安元二年説を採れば三八歳となる。いずれにしても、この自害の場面を末尾におくことで、半井本などの諸本は、義経の場合と同様に悲劇の英雄という性格を際立たせ、物語としての完成度を格段に高めた。これと次に触れる八丈島からの鬼島渡海譚を含む最終段こそが、為朝伝説を大きく成長させる起点となったのである。

八丈島の為朝伝説

そこで、まず八丈島における為朝伝説についてみていこう。半井本『保元物語』では、茂光が攻めたのは伊豆大島であったが、近世も文化《ぶんか》一四(一八一七)年に刊行された大田南畝《おおたなんぽ》の『南畝莠言《ゆうげん》』には、八丈島宗福《そうふく》寺の住職からの又聞きとして、為朝が攻められて自害したのは八丈小島《こじま》でのことで、そこには為朝明神《ためともみょうじん》社があり、この住職は為朝の子・為宗《ためむね》の末裔だと伝える。ちなみに同社には、慶長《けいちょう》七(一六〇二)年に徳川家康の命で作成された銅板源為朝神像が奉納されており、八丈島の為朝伝説は中世にまで遡るものといえよう(図I-5)。

この八丈島の為朝伝説については、柳田国男が興味深い指摘を行っている(柳田国男『伝説』)。

柳田は、八丈島における為朝伝説の形成には、島の巫女《ふじょ》たちが語る神歌《しんか》が深く関係していると考えた。この神歌は幸い栗田寛によって、伴信友《ばんのぶとも》の写本から「八丈島謡詞《うたいことば》」と題して採録されている（栗田寛「古謡集」）。ただ、その内容は口寄せ的な性格が濃く、意味の判然としない部分も多いが、「しげとう真弓」「二ほんのかたき」「二ほ（日本）のとのお」「京のとのお」「ためとも八郎」といった語句が登場し、かつて同島で「ふないくさ」があった旨が語られている。

図Ⅰ-5　「銅板源為朝神像」（八丈島歴史民俗資料館所蔵）

栗田は、これに『保元物語』の為朝像を重ね合わせながら丁寧に読み込み、この「ふないくさ」が、工藤茂光が為朝を伊豆大島に攻めた時の話に符合することを、人名や地名なども含めて考証した。「京のとのお」は平家の殿舎《でんしゃ》、「二ほのとのお」は朝廷の宮殿の意で、これらは為朝が朝敵となったという文脈で登場するから、八丈島に寄せ来る「二ほんのかたき（敵）」とは、半井本『保元物語』に「日本国寄懸《よせかけ》」とあるように、茂光の軍勢が攻めてきたことを指すことになろう。なお柳田は、「二ほんのかたき」を茂光の軍勢とはせず、日本に仇なす悪鬼魔障の類とするが、上記の理由から栗田の説が正しかろう。

ただ柳田も、この神歌が語る内容は為朝伝説そのものであり、神歌において伊豆大島が八丈島に置き換えられたことの重要性は認めている。もちろん神歌の内容には、土着の信仰と関わる部分も多く、『保元物語』そのままではなく矛盾する点もあり、船数や軍勢数などに微妙な違いもあるが、異本によっては数値などが一致する部分もあると栗田は指摘する。いずれにしても半井本『保元物語』の最終段「為朝鬼島に渡る事 并びに最後の事」の話が口承として伝わり、八丈島で咀嚼《そしゃく》されて、この神歌が生まれたと考えてよいだろう。

おそらく、『保元物語』では八丈島からの鬼島渡海譚の次に為朝自害の話が続くところから、これを聞いた島人が、為朝最後の舞台を八丈島としたのであろう。それが八丈小島の為朝明神社や宗福寺に残る為朝伝説の基層となったものと思われる。こうした神歌を媒介とした伝説の展開を、柳田は「権能ある説明者(巫女)が傍に在つて之を敷衍し、聴く人は之を合せ信ずることを得た」事例の典型とみなしている(柳田前掲)。

中世のある段階で、日本の東南端に位置した八丈島の人々は、朝敵となった為朝をも英雄的武人として、自らの歴史のうちに取り込むことに価値を認めようとしたのである。このことは、『保元物語』が伝える地理と歴史の知識を、日本の一部として自ら受け容れるような人々が、八丈島にも存在していたことを物語っている。

なお八丈島と小笠原《おがさわら》諸島の間には、太平洋を南流して、沖縄の方へと進む小笠原海流があり、気候風土的にも八丈島と沖縄には近しいものがある。このことが為朝の渡琉伝説にそのまま繋がるわけではなく、むしろ為朝が八丈島から鬼島に渡ったとする伝承の方が重要で、これが琉球に置き換えられた可能性が高い。

鬼の棲む島

この鬼が棲むという「鬼島」について、半井本『保元物語』の「為朝鬼島に渡る事 并びに最後の事」は次のような話を伝えている。伊豆大島に流されて傷を癒やした一八歳の為朝は、力で伊豆七島を従え、やがて八丈島にいたると、その東に島があることを知る。そこで渡ってみると、田畠もなく魚鳥を食する童姿の身長一丈（約三メートル）にも及ぶ大男が住んでおり、ほとんど言葉も通ぜず、日本とは異なる地と思われた。

彼らの祖先は鬼であったが、子孫となった今は鬼の宝もなく闘争心も失った。そして彼らは、弓を引くこともできず、刀や長刀の使い方も分からず、刀も右に差していたという。それゆえ為朝は、ここを葦島《あしじま》と名付け、三年に一度年貢を上納するように命じて、その住人の一人を連れて八丈島に戻った。この葦島は、八丈小島ではなく青ケ島《あおがしま》のことだとされている。

伊豆の鬼ヶ島については、『古今著聞集《ここんちょもんじゅう》』巻一七の五九九に興味深い話がある。承安元（一一七一）年七月八日のこととして、「伊豆国奥島《おくしま》の浜」に一艘の船が着いたが、これには鬼八人が乗っていた。その身は八、九尺（二・四〜二・七メートル）ほどあり、髪は夜叉《やしゃ》の如くして赤黒く裸で六、七尺の杖をもっており、物言うこともなかったが、島人の弓矢を乞うので拒否すると、杖で島人を打ち、打たれた九人のうち五人が死亡した。

さらに鬼が脇から火を出したので、神物の弓矢を持ち出すと、海に向かい船で逃げ出した。この時に鬼が落とした帯が国司に届けられ、蓮華《れんげ》王《おう》院（三十三間堂《さんじゅうさんげんどう》）の宝蔵に収められたという。この奥島（沖島とすれば八丈島）がどこか、鬼の棲む島がどこかはわからないし、この話がどのような記録に基づくのかも不明であるが、伊豆諸島の先に鬼の棲む島があり、それが日本ではない異界として認識されていたことになろう。

日本ではない異界は、蝦夷の場合と同様に鬼の住む世界と信じられていた。これを南島の事例で如実に物語るのが、「鬼界が嶋」（覚一本『平家物語』）や、「悪鬼納嶋」（『正保国絵図《しょうほうくにえず》』）という表記で、とくに沖縄は、恐ろしい〝人食い島〟とみなされていた。九世紀初頭の空海の『性霊《しょうりょう》集』巻五には、越前《えちぜん》国太守藤原賀能《かのう》一行渡海時の描写として「胆《たん》を留求《りゅうきゅう》（琉球）の虎性《こせい》に失う」とする一文がある。さらに延喜二（九〇二）年の三《み》善清行《よしきよつら》作と伝える『智証大師《ちしょうだいし》伝』には、仁寿《にんじゅ》二（八五二）年八月唐にいたる途中に漂着した島について「所謂《いわゆる》流求（球カ）国は、喫人《きつじん》（人喰い）の地」と記されている。

また、この話を承けた『今昔物語集』巻一一第一二にも、智証大師が漂着した琉球国について「其の国は海中に有り。人を食う国也」とある。そして鎌倉期にいたっても、寛元《かんげん》二（一二四四）年の体験談記『漂到《ひょうとう》琉球国記』（『南島研究』四）に、漂流者が炉中の人骨を見て、そこを沖縄だと確信し、何としてでも「鬼国の凶啖《きょうたん》」から逃れようとしたという記述がある。もともと沖縄を〝人食いの島〟とするのは、『隋書』流求国の記述に「闘死《とうし》者を収取し、共に聚《あつま》りて之を食う」とあるのが遠因で、これが当時の知識人の一般的な認識であったと思われる。それゆえ、いつしか為朝が渡った鬼島が、沖縄という〝人食い島〟へと読み替えられたのである。

近世の史料ではあるが、林羅山《はやしらざん》の『本朝神社考《ほんちょうじんじゃこう》』下の為朝祠に「為朝、八丈嶋に徙《うつ》り鬼海に往き琉球に渡る」とみえ、さらに伴信友『中外経緯《ちゅうがいけいい》伝』第三には「いわゆる貴海島は琉球をいえるなり」とあるように、八丈島から渡った鬼島が、いつのまにか鬼界ヶ島や沖縄へと変容するという論理が構築されてくる。いずれにせよ半井本『保元物語』などの鬼島渡海譚によって、為朝が沖縄に渡ったという伝説の下地が形成されたと考えてよいだろう。

奄美から沖縄へ

そこで為朝の沖縄へのルートを、南島の為朝伝説から想定してみよう。まず先にみた喜界島

図Ⅰ-6　実久三次郎神社と三次郎の墓（加計呂麻島, 著者撮影）

の為朝伝説のほか、奄美諸島では加計呂麻《かけろま》島の実久《さねく》に、為朝来島時に島の娘との間に生まれた強力の巨人を祀るという実久三次郎《さんじろう》神社がある（図Ⅰ-6）。なお幕末の『南島雑話』後編では、為朝が沖縄に渡る際に、三年ほど名《な》瀬《ぜ》で過ごし、「佳喜呂麻《かきろま》東（西の誤か）の地」に住したという。そして地元の俗謡に大の力持ちであった「大和城の御曹子」が詠われており、これを為朝のことだとして、為朝の子孫だと伝える島人が多いとしている。ちなみに大和城は、名瀬間切《まぎり》にあったという。

さらに徳之島でも、犬田布嶽《いんだぶだけ》頂上にある二つの石は、為朝が座って沖縄を眺めたものと伝えられ古い線刻が認められるほか、天城《あまみ》には大和城があり、天城嶽の頂上にも為朝を祀った祠があるという。また沖永良部島でも、為朝が畦布《あじふ》の城前《ぐすくめ》に館を構えたといい、島内の有力者である平山《へいざん》家と竜《りゅう》家は為朝の子孫とする伝承があるほか、与論島にも三カ月立ち寄った為朝が島の娘に生ませた子だという按司根津栄《あじにっちぇー》を祀る神社がある。

いずれにせよ、後に薩摩によって「道の島」と呼ばれた喜界島から奄美諸島を経由して沖縄にいたる島々に残る為朝伝説の存在は、このルートが基本的には古くから沖縄への重要な海路であったことを窺わせる。

このことは、先にみたように、鎌倉期に得宗代官の千竈氏が、喜界島・奄美大島・口永良部島・七島・徳之島などの島々に関する権利を有していたことと深く関係するだろう。鎌倉期に沖縄との直接交易があったかどうかは不明であるが、広汎な交易活動が行われていたことに疑いはなく、こうした島々が、その中継点となった。奄美・沖縄諸島の古代歌謡を集成した『おもろさうし』には、巻一〇―五五四や巻一三―八六八に、そうした島々が唄われており、喜界・大島笠利《かさり》・瀬戸内・徳之島・沖永良部島・与論・沖縄本島辺戸《へど》・今帰仁《なきじん》・読谷《よみたん》・首里《しゅり》という拠点が、古くから沖縄とヤマトを繋ぐルートであったことがわかる。

沖縄に上陸した武士たち

そして同じく巻一四―一〇二七に、「勢理客《せりきゃく》ののろの／あけしののろの／雨くれ　降ろちへ／鎧《よろい》　濡らちへ／運天《うんてん》　着《つ》けて／小港　着けて／嘉津宇《かつおう》嶽　下がる／雨くれ　降ろちへ／鎧　濡らちへ／大和《やまと》の軍《いくさ》／山城《やしろ》の軍」という古謡が収められている。これを伊波普猷《いはふゆう》は、勢理客《じっちゃく》のアケシノ祝女《のろ》が、今帰仁の運天の小港に上陸した大和・山城の軍勢に対して、嘉津宇嶽に垂れ下がった雨雲を招き寄せようと祈願し、その雨で軍勢の鎧を濡らす霊力を示したものと解釈した。そして今帰仁の地名考証などから、これを薩摩の侵攻以前の古謡と判断したうえで、はじめは為朝の来島を謡ったものとしたが(伊波普猷「南島の歌謡に現はれた為朝の琉球落」)、後には室町中期以降の落武者や倭寇《わこう》のこととしている(伊波普猷「琉球国旧記解説」)。

為朝の沖縄上陸地については、薩摩の沖縄侵攻以前から那覇《なは》に滞在していた袋中良定《たいちゅうりょうじょう》の『琉球神道記』巻五に、「鎮西の八郎為伴(為朝)、此国に来たり。逆賊を威して、今鬼神(今帰仁)より、飛礫《ひれき》をなす」とあり、先の古謡を為朝の今帰仁上陸を謡ったものと解することもできるが、それを為朝だと断ずる根拠にはならない。むしろ伊波が想定し直したように、室町期頃に、東シナ海海域で活躍した日本人倭寇のような武士的存在の来琉を謡ったものとすべきだろう。

沖縄交易には、商人的な武士たちが関与しており、古謡に出てくるような鎧が、沖縄本島に持ち込まれていた。玉城《たまぐすく》(南城市)の洞窟から、室町前期のものと推定される日本の鎧の金具などが発掘されているほか、浦添《うらそえ》グスク・勝連《かつれん》グスク・今帰仁グスクなどからも鎧の一部が出土し、さらに日本刀の伝来も知られている(佐原真「沖縄のよろいと刀」)。鎧や刀は日常生活品ではなく、武士が身につけるものであるから、鎧をまとって日本刀を佩く姿を見て、それに沖縄の豪族たちが憧憬を抱いた結果だろう。遅くとも室町期には、ヤマト武士たちの来島という事実があり、それが為朝伝説のベースになったものと思われる。

南島の平家伝説

なお、今帰仁の古謡については、為朝ではなく平家の来島を謡ったものだとする説もあり（奥里将建『沖縄に君臨した平家』）、南島には、いわゆる南走《なんそう》平家と呼ばれる落人《おちうど》伝説が広がる。天保《てんぽう》一四（一八四三）年成立の『三国名勝図会』は、硫黄島・黒島・竹島と奥七島のトカラ列島の島々に、平家の苗裔《びょうえい》と伝える家々があるとする。

さらに明治一八（一八八五）年成立の『島嶼《とうしょ》見聞録』（『南西諸島資料集』Ⅰ）にも、同様の記載があって、硫黄島長浜《ながはま》氏の「平族系図」と「硫黄島大権現沿革撮要」が収められており、後者には平資盛《すけもり》が一勢を率いて、壇ノ浦を出て大隅志布志《しぶし》から種子島などを経て硫黄島にいたったとしている。

また平家伝説は奄美大島にもっとも顕著で、同様な一連の平家文書が伝わる（岩瀬博他『奄美文化を探る』）。このうち薩摩藩が安永《あんえい》二（一七七三）年に命じた調査に答えた「平家没落由来書」（『奄美大島史』所収）によれば、壇ノ浦敗北前夜に豊前から九州南表《みなみおもて》に逃れた平家一行が、屋久島に六カ月、喜界島に三年留まった後、奄美大島に渡ったという。そして平清盛の孫にあたる平資盛・有盛《ありもり》・行盛《ゆきもり》が、三手に分かれて小規模な戦闘を繰り返しつつ奄美大島を制圧し、資盛は東間切・西間切・屋喜内《やきうち》間切を、有盛は名瀬間切・笠利間切を、行盛は古見《こみ》間切・住用《すみよう》間切を、それぞれ所領としたとする。

現在、奄美諸島には、加計呂麻島諸屯《しょどん》の大屯《おおちょん》神社に文政《ぶんせい》一一(一八二八)年に建立された平資盛の墓碑がある。また名瀬の平有盛が築城したとする場所に有盛神社が、龍郷《たつごう》町戸口《とぐち》にも城郭近くに行盛神社があり、有盛・行盛の墓碑も存在するが、いずれも同時期に代官などの薩摩役人によって建立されている。先の「平家没落由来書」も中世にまでは遡らず、これらの神社はいずれも新しいもので、平家伝説は近世に整えられたと考えられる。

こうした奄美諸島の平家伝説を、近世における旧来の琉球系ユカリッチ(由緒人)と新興の薩摩系ユカリッチとの勢力交替から説明する説がある(高橋一郎「『道の島』の平家伝承」「『道の島』の源為朝」)。奄美諸島は、中世までは琉球王国の支配下にあり、琉球系ユカリッチは為朝伝説に連なっていた。しかし近世になって薩摩藩の直轄領となると、黒糖生産による上納や田地開発などの功で新たに郷士《ごうし》格《かく》を得た薩摩系ユカリッチが、その由緒を飾るために、為朝伝説に対抗して平家伝説を利用したとされ、「平家没落由来書」もそうした所産の一つだとする。

また口三島や奥七島に平家の苗裔と伝える人々がおり、喜界島にも同じく末裔とする家々があるが、これらの島々も薩摩藩の影響力が強かった。ただ徳之島には平家の来島伝説はないとされ、与論島にも見当たらない。沖永良部島には、平有盛の子孫・後蘭孫八《ごらんまごはち》が築いたと伝える城跡があるが、奄美諸島でも徳之島以南では平家伝説はやや希薄となる。

先島の平家伝説

さらに先島諸島に眼を転じよう。明治二六(一八九三)年の記録である探検家・笹森儀助《ささもりぎすけ》の『南嶋探験《なんとう》』によれば、与那国島《よなぐに》には大和人と唱える家々があり、祖納《そない》付近の大和墓《やまとばか》を八島墓《やしまばか》と称することから、儀助は、屋島の戦いに敗れた平家のものとする口碑を留めて祭文を草し慰霊を行っている。さらに石垣島平久保《ひらくぼ》の大和墓についても同様に平家の墓とみなして、その人骨を持ち帰り警察署に送って鑑定を依頼している。

しかし、この人骨については、京都大学の足立文太郎によって、時代的にも新しいものと判断されている。また大和墓は、与那国ではダマトウ・ハガと発音し、山奥の境界の意味とされるほか、与那国島や石垣島の大和墓からは近世以降の煙管《きせる》の雁首《がんくび》も出土している。したがって大和墓を平家の墓とするのは無理なことが指摘されている(池間栄三『与那国の歴史』)。

また宮古島の狩俣《かりまた》にも平家伝説があるが、先島諸島のものは、すべて口碑で確証はなく、いずれも新しい伝承とすべきだろう。こうした南島の平家伝説は、沖縄本島には残らず、口三島・奥七島と奄美・先島諸島に集中し、奄美諸島では為朝伝説と並存するが、逆に先島諸島と口三島・奥七島には為朝伝説がないという点が興味深い。

こうしてみると為朝伝説は、古く道の島と呼ばれた奄美諸島を経て沖縄本島に入ったが、宮古海峡を隔てた先島諸島までは伝わらなかった。新たに琉球王国に組み入れられた奄美・先島諸島には、それぞれ為朝に対抗するかたちで、遅れて平家伝説が広まったとすべきだろう。また琉球王国に属さなかった口三島・奥七島は、道の島という為朝伝説の伝播ルートからは外れており、おそらく水軍系の熊野《くまの》修験《しゅげん》によって平家伝承が奄美諸島に広められた後に(岩瀬博他『奄美文化を探る』)、平家伝説を成立させたものと思われる。

3　琉球王国の成立とヤマト

グスク時代と城久遺跡群

沖縄では続縄文時代に相当するとされる貝塚時代後期が、ほぼ一〇世紀すぎまで続いた。すでにこの時期には、那崎原《なーざきばる》遺跡などの事例から初期的な農耕が存在した可能性も考えられるが、この時期の主要な生産活動は、ヤコウガイなど貝製品の交易にあった。近年、奄美大島などでヤコウガイを大量に出土する遺跡が発掘され、その交易活動の重要性が注目されている(高梨修『ヤコウガイの考古学』)。とくにヤマトでは一〇世紀後半に高い螺鈿《らでん》細工技術が発達したことから、奄美や沖縄からのヤコウガイが、中央貴族の愛用品や奥州平泉中尊寺の装飾品などに広く利用された。このほか硫黄や赤木を求める商業集団の活動も盛んで、その結果各地に富が蓄積され、「小王」などが存在する階層社会が出現していたと考えられている（山里純一『古代日本と南島の交流』）。

こうした状況を承けて、沖縄では一一世紀後半からグスク時代が始まる。これは経済史的にも文化史的にも大きな転換期で、農耕の本格的な発展とともに、東アジアを含む広汎な交易の展開によって、按司《あじ》と呼ばれる豪族が各地に出現し、丘陵地や台地部分にグスクが築かれるようになった。グスクは、もともと聖地や集落といった性格を有していたが、やがて城塞としての要素を強めていく。

そしてグスク跡からは、ほぼ共通して滑石製石鍋やカムィヤキあるいは中国製陶磁器が数多く出土することから、共通する交易圏が形成されていたことが窺われる。滑石製石鍋は縦耳形取手のある鍋で、肥前西彼杵半島の原産とされており、鎌倉や草戸《くさど》千軒《せんげん》などでも出土するほか、奄美・沖縄や先島諸島へも広く出回っている。カムィヤキは徳之島伊仙《いせん》町に窯跡《かまあと》があり、類須恵器とも称されて皿や壺として利用されたが、これには朝鮮人陶工が関与していた可能性が高い。また中国製陶磁器は、白磁玉縁口縁碗《はくじぎょくえんこうえんわん》が代表的なもので、博多をはじめ九州から東北まで広く出土し、一二世紀の代表的な中国陶磁器であった（金武正紀「陶磁器・カムィヤキ・滑石製石鍋からみた一二世紀頃の沖縄」）。

こうした製品は、いずれも高価だったとみえ、グスク時代にはこれらを模した土器が数多く作成されたほか、滑石製石鍋の模造品には滑石を砕いて混和したものもある。また中国製陶磁器については、博多経由か直接交易かは不明であるが、これらは奄美・沖縄・先島諸島へも広がっている。ちなみに先島諸島は、それまで奄美・沖縄とは異なった南洋的文化の影響が強かったが、グスク時代にいたって同一の文化圏が形成された点に注目すべきだろう。

こうした沖縄におけるグスク文化の形成・発展には、近年、喜界島で発掘された城久《ぐすく》遺跡群が深く関わっている。この遺跡群は、南島史研究の一大画期ともなる重要な発見で、奄美大島に面する海抜九〇〜一六〇メートルの段丘上に位置し、時期的には九〜一一世紀前半のI期、一一世紀後半〜一二世紀のII期、一三〜一五世紀のIII期に区分される。

このうちI期の遺物組成は、かなりヤマト色が強く、国家的施設に多く偏在するような中国青磁も出土する。この時期には先にみたように、大宰府が奄美の南蛮人を捕らえるよう喜界島に命じており(本書五五頁参照)、大宰府と密接な関係をもつ集団の存在が想定される。そしてII期になると、中国陶磁器や朝鮮陶磁器のほか滑石製石鍋やカムィヤキなど島外の製品が大量に出土するが、奄美の在地土器である兼久《かねく》式土器はほとんどみられない(澄田直敏「喜界島城久遺跡群の発掘調査」)。

これらのことから、奄美・沖縄・先島諸島との交易活動に、この地が深く関与したことが窺われる。まさに城久遺跡群こそが、交易商人たちの一大拠点で、次にみるように、沖縄にグスク時代を将来させる起点になったと考えられる。

ヤマト中世人と農耕の南下

こうしたグスク文化の展開には、貝の交易も重要であったが、やはりグスク出現のためには安定的な農業生産力の発展が必要で、それに応じて集落立地も変化し労働人口も増加した。グスク時代における沖縄の農耕技術について、安里進は、これが喜界島で成立したという興味深い仮説を提示している(安里進「七〜一二世紀の琉球列島をめぐる三つの問題」)。まず城久遺跡群のI期に、九州系の集団が喜界島に現れ交易を行うとともに、九州系麦畑作を南島の気候風土に適した沖縄的な冬作システムの麦作に転換させたと想定する。

そして城久遺跡群のII期は、まさにグスク時代の成立・発展期にあたるが、この時期に喜界島で完成した南島的な農業技術が、沖縄諸島へと伝わり、やがては先島諸島へと及んだとする。その結果、鉄製ヘラ・穂摘鎌《ほづみがま》を用い、ウシを飼育して踏耕《ふみこう》させ、石灰岩台地でムギ・アワを主体に一部コメも作り、台風や旱魃《かんばつ》による被害を回避する冬作システムという特徴をもつグスク時代の農耕が普及したと考えられている。

こうした農耕がグスク時代に展開したことで、社会の階級分化が促進されたほか、集落数も増え人口の拡大がみられた。遺跡数からの計算では、貝塚時代後期からグスク時代にかけて、約一〇倍の人口増加があったという。またグスク時代には、大規模な混血が起こり、貝塚時代人からグスク時代人へと大きな人類学的形質の変化があったとされている(安里進・土肥直美『沖縄人はどこから来たか』)。

つまり人骨からみると、貝塚時代人は全体にサイズが小さく頭の形は短頭傾向を示すが、近世から現代の沖縄人は顔の高さがやや高くなり全体に平坦な顔つきをしている。こうした形質の変化はグスク時代に起こり、ヤマト中世人の特色である長頭で平坦な顔面に著しい突顎(出っ歯)傾向が認められる。そして銘苅《めかる》古墳群やナカンダリヤマ古墳群(共に那覇市)などで発掘されたグスク時代人にも、長頭性で突顎が認められ、貝塚時代人とは明らかに異なってヤマト中世人に近く、全体に高身長の傾向がみられるという。

さらに沖縄本島に限らず、それまで文化的な歩みを異にしてきた宮古諸島・八重山諸島など先島の遺跡群から出土する人骨にも、グスク時代になると同様に長頭で歯槽性の突顎傾向が認められるようになり、この時期に、同一のグスク文化圏のみならず同一の沖縄人集団が形成されたことを物語っている。このことは、グスク時代にヤマト中世人の南下が始まり、貝塚時代人との混血によってグスク時代人の形質が生まれ、現代の沖縄人にいたったことを意味する。

これについて安里は、喜界島における南島農耕の確立によって人口圧が高まり、城久遺跡群

Ⅱ期つまり一一世紀後半以降に、この農法を伴いつつ沖縄本島および先島諸島へと人々が盛んに移動したと推測する。グスクそのものも奄美の方が古く、やがてそれが沖縄に及んだとされている(中山清美「発掘された奄美のグスク」)。そして滑石製石鍋やカムィヤキ・中国製陶磁器とその模倣土器による器物構成、農耕技術、交易システム、ヒトの形質、さらには階層社会化という特徴をもつグスク文化の原型が形成されて、南西諸島全域に広がり、やがて一三世紀以降に大型グスクの時代にいたった、と安里は考える(安里進「七〜一二世紀の琉球列島をめぐる三つの問題」)。

なお尚敬《しょうけい》三三(一七四五)年完成の『遺老説伝《いろうせつでん》』第一三六には、往昔の世に「大和人」がやってきて、人々と和睦し農業を勧めて尊信され、「大和祠船頭殿加奈志《やまとぼこらせんどうどんかなし》」という神として祭られたという話があるが、これは、そうした過去の記憶の一部かもしれない。またグスクのグを敬語とし、スクは石の砦を意味する塞《そこ》あるいは磯城《しき》の意の語幹で、古代日本語からの転用だとするほか、沖縄で北をニシと呼ぶのは、イニシつまり過去が原意で、琉球人が北からやってきたことの証左だとする説もある(宮良当壮「我が古代語と琉球語との比較」)。

いずれにしても貝塚時代後期からの交流の展開は、グスク時代に農耕とヤマト中世人の南下を促し、沖縄史に大きな社会的変革をもたらした。こうしてグスク時代を通じて、九州方面から南下してきたヤマト中世人は、おそらく交易に従事しつつも農耕も営む商人的武士で、彼らの間で語り継がれた英雄的武人・為朝の話が、その後の為朝伝説の下地を築いたとみてよいだろう。

ちなみに尚敬一五（一七二七）年編の『雍正旧記《ようせいきゅうき》』や『遺老説伝』第一三五からは、元寇《げんこう》で活躍し孤島に置き去りにされたという百合若《ゆりわか》伝説が、宮古群島の多良間《たらま》島と水納《みんな》島に伝わったことが窺われる。そして、ここには今日でも、弓の名手で剛力な武士であった百合若大臣が、ヤマトから来たという話が残っている（永積安明『中世文学の可能性』）。しかも、これらには宗教的もしくは呪術的側面が全くみられないことから、宗教者ではなく商人的武士が伝えたと考えられている。

琉球王国の成立

こうしたグスク時代を経て、一五世紀には統一国家である琉球王国が成立するが、次にその歴史を、正史『中山世鑑《ちゅうざんせいかん》』巻一および『中山世譜《せいふ》』巻一の記述をもとにみておこう。まず琉球開闢《かいびゃく》の時に現れた男神シマミキョと女神アマミキョの子孫から天帝《てんてい》が生まれ、その長男が天孫《てんそん》氏と称して国王となり、次男が按司、三男が百姓、長女が神官、次女が祝女《のろ》の初めとなった。天孫氏の王統が二五代で一万七八〇二年続いたという。

もともと沖縄では貝塚時代からイノーでの漁撈を生活基盤とし、ニライカナイのような水平神を信仰していたにもかかわらず、神と王権の起源を天界に求める垂直神的なイメージは、日本神話の構造に近く、グスク時代のヤマト的な農耕文化の影が見え隠れする。

天孫氏の王統が滅びると、源為朝の子・尊敦《そんとん》が一一八七(文治三)年に中山王となり舜天王統を開いたとされる(為朝伝説は第Ⅱ部第二章で詳述、一四七頁参照)。すでに一二世紀末期となれば、グスク文化の展開期に入っており、各地に有力な按司が出現していたが、この舜天王統については、日本や中国の史料にも登場せず、『おもろさうし』にも該当する王が見当たらないところから、その実在を疑問視し、天孫氏と同様に日本との関係を意識させるために登場させた王統だという重要な指摘がある(宮城栄昌「沖縄歴史に対する疑問」)。

その舜天王統三代目の義本《ぎほん》王が禅譲して、一二六〇(文応《ぶんおう》元)年に英祖《えいそ》が王位につき英祖王統の祖となった。一三世紀ともなれば各地に大型のグスクが出現しており、巨大な浦添グスクや王墓である浦添ようどれの発掘成果から、英祖の実在は確実視されている(図Ⅰ-7)。そして正史では、英祖王統四代目の玉城《たまぐすく》王の時に、今帰仁を中心とする北山《ほくざん》と大里を中心とする南山《なんざん》が分裂し三山になったとする。

しかし研究史が指摘するように、はじめから三山が鼎立《ていりつ》し、このなかで中山が覇権を握って統一に成功したとすべきだろう。いずれにしても中山では、すでに察度《さっと》王が一三五〇(正平《しょうへい》五・観応《かんのう》元)年に王位につき、中国への入貢を果たして新たな王統を開いたが、これに続いて南

図Ⅰ-7　英祖王代造営の浦添ようどれ内の西室1号石厨子(ただし石厨子自体は後代の再葬用でレプリカ，沖縄本島・浦添ようどれ館，著者撮影)

山王と北山王も朝貢を開始し、三山の対立抗争は一〇〇年余にわたって続いた。

そうしたなかで佐敷按司《さしき》の尚巴志《しょうはし》は、一四〇六(応永一三)年に中山を攻めて察度王統を滅ぼし、父の尚思紹《ししょう》を中山王に据えた。さらに北山を倒して王位を継ぎ、やがて南山をも攻略して三山統一を果たし、一四二九(永享《えいきょう》元)年に統一王朝である第一尚氏の琉球王国を築いた。これによって抗争の続いたグスク時代は終わりを告げたが、一四六九(文明《ぶんめい》元)年、尚徳王が薨《こう》ずると、その後継問題に乗じて、翌年に臣下であった農民出身の金丸《かなまる》が即位して尚円《しょうえん》王を称し、第二尚氏王統が王権を握った。その後、尚寧《しょうねい》王の時に薩摩の侵攻を受け従属を余儀なくされるが、それ以前の時代を古琉球と呼んでいる。

外に開かれた古琉球

こうして沖縄では、グスク時代を通じて国家の形成が進んだが、その発展には海外交易による富の蓄積が大きな役割を果たした。たしかにグスク時代の農業は、人口や集落の増加という効果を生み、大型グスク建造のための労働力は確保できたが、技術的には鉄製のスキやクワを擁していたわけではなく高度な生産力は望めなかった。このため権力者たちは、海外交易を支える地域特産物の貢納に経済的な基盤を求めた（安里進「「古琉球」概念の再検討」）。

それゆえ古琉球においては積極的な交易活動が行われたが、このことが琉球王権の特質にも深く関わった。たとえば浦添ようどれには、英祖以来の王の遺骨が納められているが、このうち英祖～察度王統代の遺骨からは、南方系に分類されるミトコンドリアＤＮＡが検出されており、被葬者のなかに母系が南中国・東南アジアに連なる者がいたことになる。また第一尚氏王統代の男性頭蓋骨には、ヤマト中世人の典型的な特徴が認められるほか、近世沖縄人や第二尚氏の王族とは異なり、かなりの高身長とされている（安里進『琉球の王権とグスク』）。

従って英祖王統から第一尚氏王統の成立にいたる間に、南中国人やヤマト中世人が深く関与していたことになる。さらに浦添グスク・ようどれの造営には、多くの高麗《こうらい》系瓦が用いられているが、胎土分析から沖縄で焼かれた可能性が高く、朝鮮人の陶工などが渡来していたと推定される。いずれにしても琉球王国の王権は、沖縄諸島の内部において単線的な発展を遂げたのではなく、まさに環東シナ海をめぐる国際的な交流の結果として成立したものとすべきだろう。

なお、これに関して、かつて折口信夫《おりくちしのぶ》は、先のヤマト武士が運天に上陸した際の古謡《こよう》に登場する「大和《やまと》の軍《いくさ》／山城《やしろ》の軍」を「大和の軍／八代の軍」と読み（本書六九頁参照）、体系的な考証を加えたうえで、三山を統一した尚巴志が按司を務めた佐敷は、現・熊本県芦北《あしきた》町佐敷《さしき》を本拠とし肥後《ひご》国八代荘《やつしろのしょう》に勢力を有した八代名和《なわ》氏の残党が来琉した地だとする仮説を提起して、琉球王権と日本との深い関係性に注目している（折口信夫「琉球国王の出自」）。そして谷川健一は、喜界島の城久遺跡群発見の意義を重視し（本書七六頁参照）、新たな考古学的知見を加えたうえで、折口説を支持している（谷川健一「「琉球国王の出自」をめぐって」）。

琉球王国と日本の交流

そもそも琉球語は日本語と同系統の言語で、母音・子音に一定の対応関係があり、日本語の古語やP音などの古い発音も残っている。そして文字についても同様で、嘉靖《かせい》一三（一五三四）年に訪琉した冊封《さくほう》使・陳侃《ちんかん》の『使琉球録《しりゅうきゅうろく》』は、琉球社会で使われていた「いろは」文字を載せている（図I-8）。このほか仮名文字は、古謡『おもろさうし』のほか一六世紀の碑文や王府の発行する辞令書にも広く利用されていた。

ただ一四世紀後半からは、中国との冊封の関係で外交には漢字が用いられた。また一五世紀からは室町幕府との交流があり、しばしば琉球使節が来日している。これに対して室町幕府は、仮名書きの書状形式の御内書《ごないしょ》を「りうきう国のよのぬし」（琉球国王）に送ったが、琉球国王「代《よの》主《ぬし》」から室町幕府宛の国書も、日本の中世文書の様式を模したものとなっている。つまり三山統一直前の中山王の側近に、日本の文書様式に詳しい日本人がいたことになる（佐伯弘次「室町前期の日琉関係と外交文書」）。

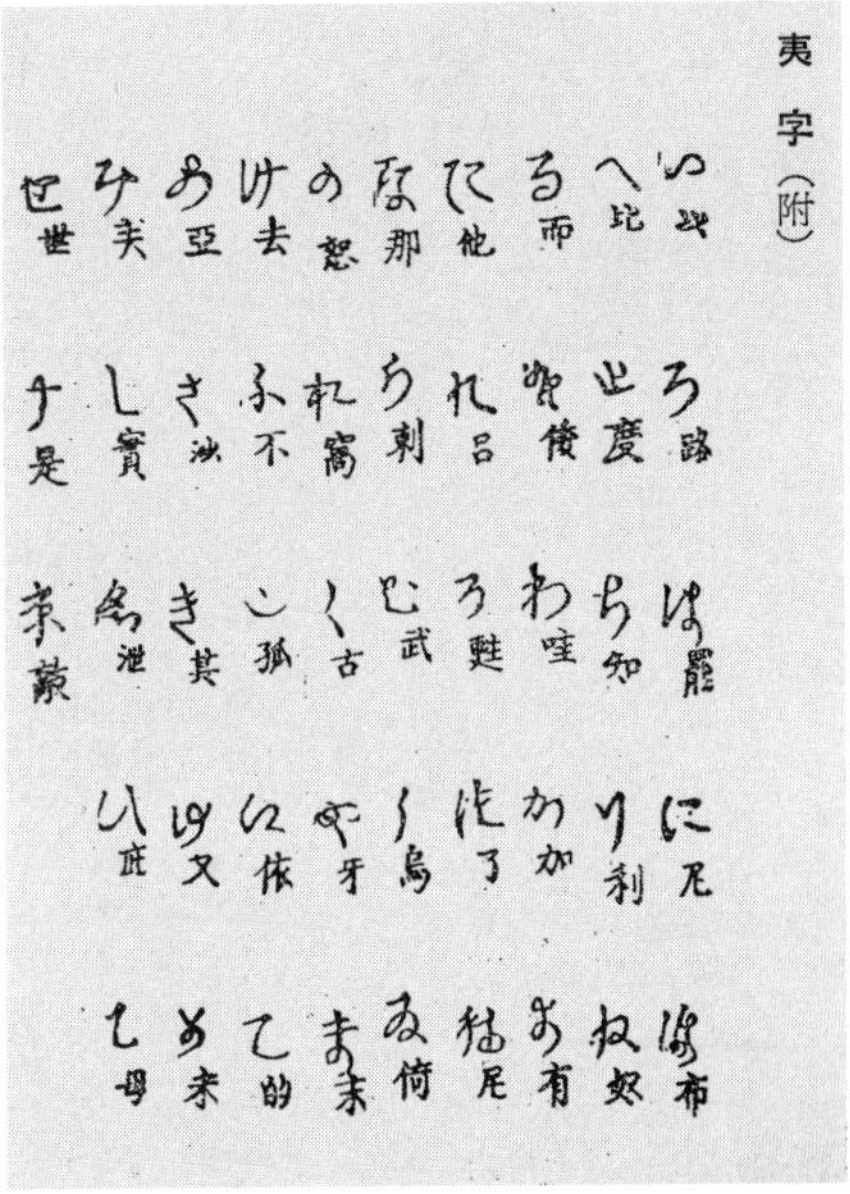

図Ⅰ-8　琉球社会で使われたいろは文字（『使琉球録』〈台湾文献叢刊，第二冊，台湾銀行発行〉より）

ところで仏教については、一三世紀後半に中山の英祖は、那覇に漂着した禅鑑《ぜんかん》に浦添グスク王陵の菩提《ぼだい》寺として極楽《ごくらく》寺を建立せしめるなど、厚く仏教を崇拝した。禅鑑の国籍は不明であるが、琉球王国の仏教は、日本の臨済宗《りんざい》と真言宗《しんごん》がほとんどで、なかでも臨済宗が厚遇されてきた。

すでに尚巴志の時代に十刹《じっさつ》の制が整えられていたが、一四五四（享徳《きょうとく》三）年に即位した尚泰《たい》久《きゅう》は、京都南禅《なんぜん》寺の法統を継ぐ来琉僧・芥隠承琥《かいいんしょうこ》に帰依し、多くの寺院を建立し仏教の興隆に尽くした。なお芥隠は琉球国王の正使として室町将軍に謁見し、最晩年には第二尚氏の菩提寺・首里円覚《えんかく》寺の第一祖に迎えられてもいる。

さらに寧波《ニンポー》の乱（一五二三年）後に、明の国書を琉球経由で日本に伝えた使者も薩摩出身の檀《だん》渓全叢《けいぜんそう》であった。琉球国王に仕えた芥隠や檀渓のようなヤマト僧が外交問題を担当したほか、鶴翁智仙《かくおうちせん》をはじめとする琉球僧もヤマトに遊学するなど、日琉間の禅林の交流は盛んであった。ただ琉球の禅林は、琉球国王に仕えると同時に、ヤマト五山《ござん》の影響下におかれており、こうした五山僧の交流と活躍によって、ヤマトの宗教的・文化的・政治的影響が琉球に及んだとされている（村井章介『東アジア往還』）。

しかし琉球の寺院は、一般民衆の救済を目的とするものではなく、檀家《だんか》は存在せず王府が経済的支援を行い、彼らや国家の無事安泰を祈願するために勧請《かんじょう》されたにすぎない。また神仏習合もそのまま持ち込まれ、それぞれの寺院には神社が併置されているが、これにも氏子《うじこ》組織は存在せず、民衆的基盤は皆無に等しかった。

神社については、護国《ごこく》寺の波上宮《なみのうえぐう》を筆頭に、琉球八社の存在が知られるが、このうち安里《あさと》八幡宮の八幡信仰を除けば、すべて熊野権現を祀るものであった。沖縄では熊野関係の修験者の活動がきわめて活発で、彼らが『平家物語』や『保元物語』の内容を伝えた可能性が高い。とくに八幡信仰に熱心であった第一尚氏には（谷川健一「「琉球国王の出自」をめぐって」）、為朝伝説は受け入れられ易かったものと思われる。

なお『琉球神道記』によれば、尚金福《きんぷく》二（一四五一）年の長虹堤《ちょうこうてい》築造時には、天照大神《あまてらすおおみかみ》に憑《たの》んで無事完成したことから、長寿宮（後の浮島神社）を建て天照大神を祭神としたといい、これが琉球における神社創建の初見とされている。いずれにせよ中世後期には、五山僧および熊野や八幡の修験者などの活躍によって、ヤマト的な宗教観念が沖縄社会の上流部に受容され、文化的共通性が形成されていたことが、沖縄に為朝伝説をもたらす大きな要因となったと考えられよう。

第Ⅱ部

英雄伝説はどのように広がったか

——近世の変容

近藤重蔵が創建した義経神社（北海道平取町，著者撮影．118 頁参照）

豊臣秀吉の全国統一後に成立した江戸幕府は、古代の律令国家以来の強力な中央集権国家として、対内的には強力な幕藩《ばくはん》体制を築き上げ、対外的には鎖国《さこく》政策を採った。鎖国に関しては、幕府による外交権の掌握、貿易統制、海外情報の独占のほか、キリスト教への禁圧という事態が伴ったが、近年では、これを東アジア情勢全体のなかで理解しようとする傾向が強い。明や朝鮮でも、出入国を管理する海禁《かいきん》政策が採られたし、礼的秩序を重んずる立場からキリスト教の弾圧も行われていた。

もともと中世までは、日本は大国・明を中心とする国際秩序体系の一部をなしていた。しかし明の弱体化という東アジア情勢の変動のなかで、秀吉は旧秩序の破壊を企て、明の征服を目的として朝鮮への侵略を試みたが、撤退を余儀なくされ失敗に終わった。その後、新たな国際関係を模索した江戸幕府は、東アジアのなかでの自らの位置づけを明確化しようとした。そのため江戸幕府は、鎖国体制を採りながらも、明に朝貢していた朝鮮と琉球から、通信使や慶賀《けいが》使・謝恩《しゃおん》使の来聘《らいへい》を受け容れることで、中国冊封体制からの自立を図り、日本型華夷《かい》秩序という新たな国際秩序の構築を試みたのである(荒野泰典『近世日本と東アジア』)。

そして幕府は北と南に対して、その詳細な把握に乗り出した。まず慶長五(一六〇〇)年の松前藩の設置によって、一七世紀中期には『正保郷帳《しょうほうごうちょう》』『正保国絵図』が作成され、カラフトや千島列島の島々の地名や位置関係などの情報も、不充分ながら幕府が管理するところとなった。また琉球王国は中国の冊封下にありながらも、慶長一四（一六〇九）年に薩摩の侵攻を受け、その支配下におかれるところとなって、北海道と同じく『正保郷帳』『正保国絵図』が作成され、島名や地名・航路・港湾などが把握されていた。

また鎖国とはいっても、特定の外交関係は維持されていた。そして、そのために「四つの口」が開かれていた。すなわち朝鮮と琉球を「通信の国」とし、中国とオランダを「通商の国」と定め、交易を目的とする後二者については、長崎に会所《かいしょ》をおいて幕府の管轄下とした。そして外交関係を認めた朝鮮に対しては、中世から密接な関係にあった対馬《つしま》藩に、同じく琉球に対しては、これを侵攻して支配下においた薩摩藩に、それぞれ外交と交易の特権を排他的に与えて窓口とした。さらに国家をもたなかったアイヌ民族に対しては、松前藩に独占的交易権を与えることで、日本を中心とした外交的秩序体系を創出したのである。

こうして中世までは国家の領域外にあった北海道と沖縄を、幕藩体制のなかの異域・異国として位置づけたのである。ただ日本の北と南では、かなり事情が異なった。北海道の場合は、これを全面的に支配したのではなく、アイヌの人々が暮らす大地のなかに点々と和人地をおき、海産物などを集荷する海岸線上の拠点を松前藩の支配地とした。まさに点と線による支配によって、いわば北海道の半分を押さえたにすぎないが、こうしてアイヌの人々は日本の交易体制に巻き込まれ、その生産物や労働力が収奪の対象となった。

また琉球王国は、中国と日本双方に従属したところから、北海道とは違った意味で、沖縄も半分だけ日本に組み入れられた。しかも沖縄には水田や畑地が存在していたため、日本国内と同様に検地《けんち》が実施され、薩摩藩への貢租《こうそ》の納入が義務づけられた。いずれにしても幕藩体制の成立に伴い、北の異域と南の異国は、半分ずつ日本の支配体制下に組み込まれたのである。

第一章　海を越える義経伝説――蝦夷地から大陸へ

1　アイヌ民族のなかで

幕府・松前藩とアイヌ民族

中世に蝦夷地の交易権を掌握していたのは檜山《ひやま》・安東氏であったが、先にみたように、その家臣であった蠣崎《かきざき》氏がしだいに力を蓄え、松前の一円的な支配者となっていた（本書四三頁参照）。そして天下統一を果たした秀吉は、その交易権を安東氏から取り上げたうえで、改めて直臣《じきしん》となった蠣崎慶広《よしひろ》に与えた。

『新羅之記録』文禄《ぶんろく》二（一五九三）年条によれば、慶広は東西のアイヌを召し集め、秀吉からの御朱印《ごしゅいん》の制札《せいさつ》を見せて、アイヌ語で読み聞かせ、彼の命令に違反したり、和人に乱暴などを働けば、関白殿《かんぱくどの》は数十万の人勢を派遣してアイヌを追伐すると脅している。

さらに徳川家康は、松前と改姓した慶広に対し、慶長九（一六〇四）年正月二七日に黒印状《こくいんじょう》（松前家文書、『徳川家康文書の研究』）を与え、彼に断りなくアイヌと商売したり、渡海して売買する者は違法であるとし、アイヌへの無理難題を禁止するとしている。これによって松前藩は、幕府からアイヌ交易に関して独占的な権限を与えられたが、蝦夷地の領域的な支配権を得たわけではなかった。

そして、その交易品については、一六二〇（元和《げんな》六）年の宣教師・カルワーリュの旅行記『北方探検記』によれば、韃靼《だったん》との交易品と思われる上質な絹布（蝦夷錦《えぞにしき》）やラッコ皮、生きた鷹や鶴、矢羽根用の鷲羽などで、漁獲された鮭を松前藩士の収入とするほか、産出する金に一攫千金を夢見て三万人以上もの金掘り人が蝦夷地に渡っていたという。

ちなみに同書では、蝦夷地は北方に延びる大地で韃靼などに続いているとする。こうした誤解は、アイヌがオホーツク人やサンタン人などと活発な交易活動を行っていたために生じたものと思われる。たとえば道東のアイヌは、日本から入手した米・塩・酒・煙草・綿布あるいは自前のアツシ（樹皮衣）などを、千島アイヌのラッコ皮と交換し、それを松前に運んで和人と交易しており、彼らの経済に占める交易の比率は、かなり高かったとされている（瀬川拓郎『アイヌ学入門』）。

しかし松前藩の経済政策は、そうした自立的な交易の民であったアイヌの経済システムを大きく転換させることになる。松前藩は、他の大名と異なって石高を有せず年貢収入を財政基盤としなかったため、独占していた鷹の売却代金や金の採掘権料あるいは松前三湊《さんそう》の沖ノ口《おきのくち》税などを藩財政の一部としたが、藩主一族や上級家臣に対しては、蝦夷地の特定場所を知行《ちぎょう》地として与える商場《あきないば》知行制を採っていた。

彼らは自ら知行する商場へ行き、アイヌと交易した産物を持って松前に帰り、それを和人の商人に売って利益をあげていた。藩主もカラフト交易の窓口である宗谷《そうや》や千島交易の拠点となる厚岸《あっけし》などを商場として所有し、交易船を派遣していた。これによって、アイヌたちは交易の交換比率を一方的に下げられ、きわめて不利な交易を強いられた(菊池勇夫「蝦夷島と北方世界」)。

そうした不満に対して、アイヌ民族が蜂起したのが、日高《ひだか》地方における寛文《かんぶん》九(一六六九)年のシャクシャインの戦いであった。この弾圧には、幕府が直接的に指揮権を発動し、松前藩のみならず津軽藩にも出兵を命じ、鉄砲隊などの威力で二年後に鎮圧することができた。その後、松前藩のアイヌに対する政治経済的支配は一段と強化され、やがて一八世紀前期には、新たな植民地経営の方式として場所請負《ばしょうけおい》制を成立させた。それまでの商場知行制では知行主の直営であったが、以後においては、経営全体を商人に請け負わせることが一般化した。

アイヌへの迫害

これによって、とくに鮭漁や鰊《にしん》漁など利益率の高い漁業経営などに目を付けた商業資本が蝦夷地全域に進出すると、アイヌ民族は、それまでの交易者としての性格を全く失い、各地で単なる下層の漁業労働者へと立場を転換させられた。場所請負人によるアイヌの酷使と収奪が、彼らの生活を大きく変えていったのである。

とくに道東では、藩主直轄場所を請け負った豪商・飛驒屋久兵衛《ひだやきゅうべえ》が漁業のほか林業にも手を広げ、アイヌを労働者として酷使するなどしたため、寛政《かんせい》元(一七八九)年にアイヌが蜂起しクナシリ・メナシの戦いが起こった。これも松前藩の兵力によって鎮圧され、一時幕府の管轄下におかれ一部は緩和されたが、以後、この地へも和人の進出が著しくなった。

こうした場所請負制度下での和人によるアイヌの迫害には悲惨なものがあった。幕末に何度も道内を歩き回った松浦武四郎《まつうらたけしろう》は膨大な見聞録を残したが、その著『近世蝦夷人物誌』などには、アイヌコタン(アイヌの集落)から若い労働力を根こそぎ奪ったのみならず、和人の番人たちは若い女性の夫を遠い場所に派遣し、その間に女性を強奪したり、梅毒を移して死に追いやるなど非道を働いていた様子が数多く記されている。

またコタンには老人や子どものみが残され、廃村に近い状況のなかで、青壮年アイヌは漁業経営の場所に集住させられたが、過酷な労働条件に加えて、疱瘡《ほうそう》などの流行病が蔓延し、文化元(一八〇四)年に二万三七六七名であったアイヌ人口は、安政《あんせい》元(一八五四)年には一万七四三三名となって激減している(菊池前掲)。もちろん自営し自立していたアイヌもいたが、基本的には近世幕藩体制の下で、アイヌ民族の生活は、より厳しい状況へと追いやられたのである。

宝物とされる武具

こうして和人によって苦しい生活を強いられていたアイヌの人々の間に、どのようにして和人の物語である義経伝説が広まったのだろうか。その背景を考えてみたい。伊勢貞丈《いせさだたけ》の『安斎《あんさい》随筆』巻二四には、応永一八（一四一一）年に小山隆政《おやまたかまさ》という武将が追われて蝦夷地に渡り、その武勇ゆえにアイヌ長者の婿となって戦の神と崇められたという話がある。貞丈は、義経の蝦夷渡りを、この小山隆政の話の作り替えだとしており、菅江真澄《すがえますみ》も『蝦夷迺天布利《えぞのてぶり》』で、小山が義経の名を借りてアイヌの人々を脅かしたのだとしている。

おそらくアイヌの人々の間にも、英雄的な武人や珍しい武具への憧憬があったものと思われる。たとえば橘南谿《たちばななんけい》の『東遊記《とうゆうき》』寛政九（一七九七）年の記事に、「日本の古物……刀剣の具、目貫、鍔《つば》の類、或は蒔絵《まきえ》の漆器など、（注・アイヌは）甚だ秘蔵して宝物となし居る也」とあるように、アイヌの文化のなかに、和人との接触によって新たな物質文化が流入し、武具などが宝物として珍重されていたという。そして武人の象徴である日本製や中国製の鎧兜《よろいかぶと》や刀が中世のアイヌ墓から出土することも指摘されており（瀬川前掲）、とくに日本の武具が宝物として扱われたことが窺われる。

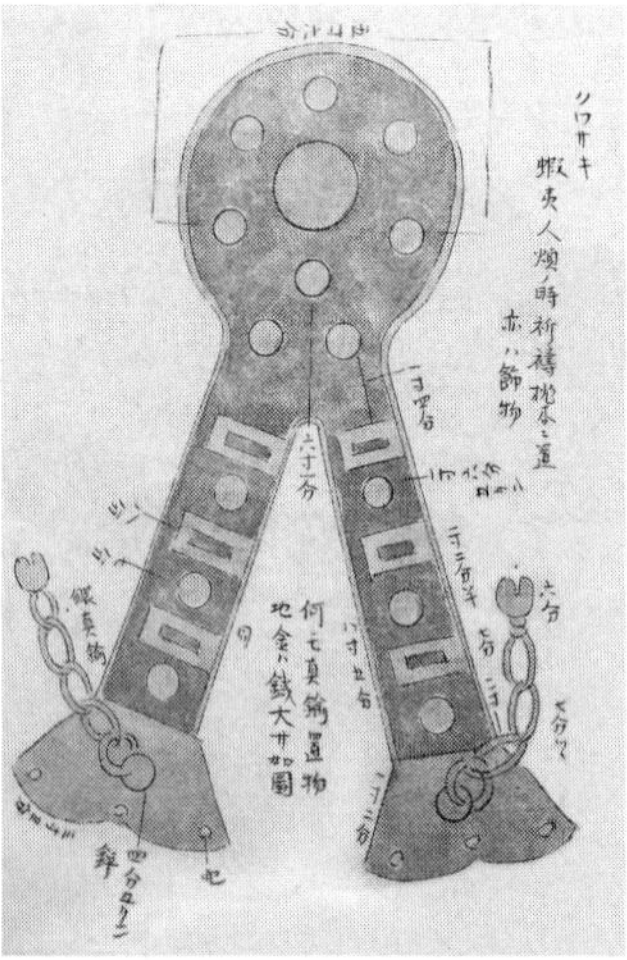

図Ⅱ-1　『蝦夷志』に登場する「クワサキ」(毛利家旧蔵，明治大学図書館所蔵の写本より)

なかでも兜の前立《まえだて》となる鍬形《くわがた》の部分を、アイヌの人々はクワサキと称し、非常な霊力を有する最高の宝とみなし、病気や災難などの際に祈願の対象としていた(図Ⅱ-1)。天明《てんめい》六(一七八六)年の自序を有する佐《さ》藤玄六郎《とうげんろくろう》の『蝦夷拾遺』貞《てい》之巻も、アイヌは日本の武具を尊重するが、なかでもクワサキについては、昔、日本の商人が兜の鍬形を高く売りつけたものと推測している。

義経とアイヌの英雄

そして先の『東遊記』には、クワサキについて「一説には源義経蝦夷地に渡り、威を振い、夷人甚だ尊敬しけるゆえに、義経主従の兜の鍬形を今に伝えたる也ともいう」とあるほか、すでに正徳《しょうとく》五(一七一五)年に幕府老中に提出した「松前志摩守《しまのかみ》差出《さしだし》候《そうろう》書付《かきつけ》」(『犀川会資料』第五号)にも、同じく「義経の甲の鍬形を恐れ敬い申候などゝ申ならわし候」と記されており、義経の兜の鍬形がクワサキになったとしている。ただ、この「書付」では、蝦夷地に義経の旧跡というものはないが、「惣じて蝦夷人は義経を判官と申候て、殊の外敬い申候。昔語《むかしがたり》にも仕《つかまつり》候」としている。

さらにここでは、義経を敬ったというアイヌの「昔語」に注目すべきで、これは道南アイヌのオイナ(聖伝)において、天から降臨してアイヌ文化の基を築いたとされるアイヌラックルの別称でもあるオキクルミ(オキキリムイ)の話をさす。オキクルミとはカムイユーカラ(神謡)にも登場する人間くさい神のことで、神を拝み祭ることを教えたと同時に英雄的な存在でもあった。

これに関して道南出身の知里幸恵《ちりゆきえ》は『アイヌ神謡集』で、オキクルミは神のように知恵があり情け深い勇者で、そのいとこ(あるいは弟)のサマユンクルは短気で知恵が浅くあわて者と注している。またアイヌの人々の間では、オキクルミは人々に生活のすべてを教えてくれた英雄として扱われ、さまざまな冒険譚が語り継がれている(萱野茂『オキクルミのぼうけん』)。

こうしたアイヌの英雄伝説を承けて、和人の間では勝手にオキクルミを義経、サマユンクルを弁慶とする解釈が広く行われていた。このオキクルミの英雄伝説を、和人が義経に読み替えるためには、弁慶の存在が必要となるから、短気なサマユンクルを弁慶として、話の辻褄を合わせたのである。

ただ、このオキクルミを英雄とする伝説は、とくに和人たちが最初に入り込んだ道南地区に広がるが、道北方面ではコタンクルカムイとして崇められるサマユンクルが中心的な英雄となる。それゆえ寛政四(一七九二)年に蝦夷地に入り日本海側を北上した串原正峯《くしはらせいほう》は、『夷諺俗話《いげんぞくわ》』巻一で「夷言にも義経をシヤマイクル(サマユンクル)、弁慶をヲキクルミなどいう」としており、義経と弁慶の立場が逆になる。

この逆転現象は、和人たちがその地域のもっとも著名な英雄を義経とし、その従者的な存在を弁慶としたことを意味しよう。こうして『御曹子島渡』などの影響で、義経が北海道に来たと信じていた和人たちは、アイヌの人々に親しまれていた英雄物語を、都合良く義経伝説へと読み替えてしまったのである。そしてアイヌもまた、和人たちが伝える『御曹子島渡』の話を自らの文芸の一部に取り込んでいたものと考えられる。

広まる日本の物語

もともと語り物を大きな楽しみの一つとしていたアイヌの人々には、日本の口承文芸が受容され、彼らの昔話に採り入れられていた。アイヌのウエペケレ(口承伝承)には、カムイ・ウエペケレ(神々の昔話)とアイヌ・ウエペケレ(人間の昔話)のほかに、シサム・ウエペケレ(和人の昔話)がある。カムイやアイヌの昔話は一人称で語られるのに対し、和人のそれには三人称が用いられ、これには「花咲か爺」や「鼠の浄土」「鶴女房」などと共通するパターンの昔話がある（『アイヌ民譚集』）。さらに「三輪山伝説」のような昔話のほか、「小栗《おぐり》判官」とほぼ同様な構成をもつものまで存在する（丸山隆司「シサム・ウエペケレ sisam uwepekere（和人の昔話）「ウセ・トノ・ネ use tono ne」」）。

これに関しては、近世初期の成立にかかる『異本義経記』に、室町期に武士や商人あるいは修験者が蝦夷地を訪れ、活発な活動を行っていた旨がみえることが参考になろう。いずれにしても中世以来、交易などを目的に蝦夷地に渡った和人が少なからず存在しており、彼らもまた昔話の語り手であった。それゆえ、さまざまな日本の物語がアイヌの人々の間に口授されていたと考えられる。

たとえば『御曹子島渡』の蝦夷のかねひら大王の巻物「大日の法」の話については（本書四五頁参照）、文化五（一八〇八）年の最上徳内《もがみとくない》の『渡島筆記』に「我々も先祖はよみかきするわざをもわきまえたれど、ホウガンどのに其巻物をとられてより初《はじめ》て字を作ることをしらざるもの成《なり》たり」とあり、義経が巻物を奪ったせいで、アイヌは文字を失ったとしている。ここでは義経はアイヌへの加害者となるが、こうした『御曹子島渡』の一部が、アイヌの人々の間にシサム・ウエペケレの一つとして入り込んでいたことが重要だろう。

英雄伝説の置き換え

こうして古くからアイヌの人々には、和人からの伝承によって、判官つまり義経という英雄の存在が知られていた。そのうえでオキクルミというアイヌの英雄を、和人が義経に置き換えて理解し、オキクルミとは和語で義経だという説明をアイヌたちに伝えていたと考えられる。

そしてこのことは、その後の義経伝説の展開に決定的な意味を与えた。

たとえば新井白石《あらいはくせき》は、享保《きょうほう》五(一七二〇)年序の『蝦夷志』に、「俗に尤《もっと》も神を敬う。而《しか》るに祠《し》壇《だん》を設けず、其《そ》の飲食《いんしょく》に祭る所の者は、源の廷尉《ていじょう》義経なり」と記し、「夷俗《いぞく》は凡《およ》そ飲食には乃《すなわ》ち之を祝いてオキクルミと曰う。之れを問えば則ち判官と曰く」と注している。つまり飲食を司る神々を祭るオキクルミの話に及べば、それは和人に教えられたように、ホウガン(判官=義経)だとアイヌが答えたにすぎない。

ここには間違いなく通訳の問題が介在している。アイヌ通詞《つうじ》たちは、義経的な英雄がアイヌに敬われているという認識を抱いており、オキクルミと聞けば、これを機械的に義経と訳していた。その証拠に寛政四(一七九二)年刊行の上原熊次郎が作成したアイヌ語辞典『藻汐草《もしおぐさ》』には、「源義経　ヲキクルミ」「弁慶　シヤマイグル」とある。

ただし水戸《みと》弘道館《こうどうかん》に伝えられた蝦夷浄瑠璃《じょうるり》では、逆に「シヤマイクル」をそのまま「義経」と訳している(『古謡集』)。これは先にみた逆転現象によるもので、いずれにしてもアイヌたちが尊崇するオキクルミやサマユンクルの話をすれば、これを通詞たちが機械的に義経や弁慶と訳したことから、アイヌの人々の間で義経が敬われていると和人が思い込んだにすぎない。

こうした義経伝説に対して、先の『渡島筆記』のなかで最上徳内は、「源予州《よしゅう》に牽附《ひきつけ》がたき状あり。これ(注・アイヌ古老の話)によりて察すれば、ウキクルミを義経とするの説、和人の附会《ふかい》に出で、えぞの旧来の伝にあらざることとしるべし」と記し、オキクルミ義経説を強く否定している。しかし多くの和人たちは、アイヌの人々に義経が尊崇されていると解釈したかった。それゆえ義経伝説が和人の住む蝦夷地に

図II-2　地名の由来と思われる弁慶岬先端の破岩(上)．下は岬に立つ弁慶像(寿都町，著者撮影)

広まったが、それは蝦夷地に渡った和人たちの勝手な願望であり、一種の優越感を満たすものでもあっただろう。

そうした状況は、おそらく中世末期頃までには、蝦夷地で交易などに従事した和人たちによって創出されていたものと考えられる。さらに翻訳の問題に加えて、音韻からの勝手な解釈も行われた。たとえば寿都《すっつ》町の弁慶岬は、アイヌ語の「ペルケ・イ（perke・i）」で裂けた岩の意と考えられるが（図II-2）、これを弁慶に付会したものだろう。ただ、いずれにしても蝦夷地の義経伝説が、逆流して日本の国内にまで広がるのは、松前藩が成立する近世という時代を俟《ま》たねばならなかった。

近世の義経伝説

そこで近世初頭における蝦夷地の義経伝説の在り方を文献からみておこう。蝦夷地に深い関心を寄せていた水戸光圀《みつくに》は、大船・快風丸《かいふうまる》を建造し調査に赴かせている。『快風丸渉海《しょうかい》記事』に収められた元禄《げんろく》七（一六九四）年四月二八日の「蝦夷中にて風聞《ふうぶん》に申伝候覚《もうしつたえそうろうおぼえ》」には、「さる（沙流＝平取町付近）と申処《もうすところ》に義経公御渡りなされ、其処《そのところ》の大将蝦夷のむこになせられ候而《そうろうて》、さるの近所にはえ（波恵＝日高町）と申所に館構《かまえ》なされ御座候由《ござそうろうよし》申伝え候、其後、右の大将の宝を御《おん》盗取《ぬすみとり》候え而、陸地へ御帰《おかえり》なされ候由申伝え候」とあり、『御曹子島渡』の粗筋を踏まえて、義経が蝦夷地から帰ったとしている（『快風丸記事』北海道郷土研究資料 第五）。

また『蝦夷談筆記』は、宝永《ほうえい》七（一七一〇）年に幕府の巡見使《じゅんけんし》として松前に渡った松宮観山《まつみやかんざん》が、蝦夷通詞勘右衛門《かんえもん》からの聞書をまとめたもので、その上巻にも、これとほぼ同様の記述がある。このほか元文《げんぶん》四（一七三九）年成立の『北海随筆』にも、同様の義経伝説がみえ、ともに『御曹子島渡』を元にしたアイヌの浄瑠璃（ウエペケレ）があることを伝え、後者においても、義経が巻物を盗んで帰ったことになっている。

なお『蝦夷談筆記』下巻は、シャクシャインの戦いの顛末を描いたものであるが、松前藩成立後から和人が増え始めたことを指摘し、とくに「金掘共大勢相詰め罷在り候《かねほりどもあいつめまかりあり》」と記している。ちなみに『北海随筆』の筆者の坂倉源次郎《さかくらげんじろう》は、金山探索を目的として蝦夷地に渡った金座《きんざ》の有力役人であった。こうして近世初頭から、かなりの和人が一攫千金を夢見て蝦夷地に流入しており、『御曹子島渡』をベースにした伝承と、義経とオキクルミの置き換えに基づく中世末期の義経伝説が、和人の間に広く流布し始めたとみてよいだろう。

2　広まる「義経渡海説」

伝説と近世の歴史家

しかし室町期の御伽草子『御曹子島渡』における主人公は、あくまでも平家を倒す前の若かりし義経であり、衣川での自殺以後の話ではない点に注意する必要がある（本書四五頁参照）。ところが、いわゆる「義経渡海説」は、いずれも平泉から逃げ延びた後の物語となる。これには義経復活願望も大きく働いていたが、悲劇の主人公・義経を蝦夷地の英雄とするためには、平家打倒のために巻物を盗んだ義経ではなく、源平合戦に勝利を収めた後の、つまり蝦夷地とも深い関わりをもつ平泉を脱出したところから、話が始まらなければならなかった。

それゆえオキクルミとの置き換えを行った和人たちは、御伽草子の若き義経ではなく、衣川で自害したとされる義経が、蝦夷地に渡ったと信じ込んだのだろう。そこに義経蝦夷渡海説の萌芽があり、蝦夷地の和人のみならず、やがては中央の知識人を巻き込んだうえで、願望としての歴史が捏造されていく結果となる。

まず義経の渡海説に最初に言及したのは、幕府の命をうけ林羅山と息子の鵞峯《がほう》が編集した『本朝通鑑《ほんちょうつがん》』である。このうち寛文一〇（一六七〇）年に鵞峯が編纂を終えた『続本朝通鑑』巻七九に、本文では義経が衣川で自害したとあるが、続けて俗伝として、弁慶の図像が蝦夷・韃靼に出回っているとし、義経も衣川では死なずに蝦夷に逃げ延び子孫を残した旨を記している。とくに『続本朝通鑑』は、人物の逸話や行動記述に伝説や俗伝を広く採用して参考に供そうとするが、出典の明示がないという欠点がある。ただ正史本文としては義経死亡説を採っている点は留意すべきだろう。

また『本朝通鑑』の編纂にも関与した水戸光圀は、明暦《めいれき》三(一六五七)年に修史を開始し、没後の正徳五(一七一五)年に『大日本史』が完成をみたが、ここでも同じような立場が採られ、義経の死亡否定説が自己主張を始めている。巻一八七の本文では「義経妻子を刺殺し自殺す。時年三十一、泰衡首を鎌倉に伝う、見る者皆涙を堕《おと》す」としながらも、その割注では、義経は衣川では死なず蝦夷に逃げ延びたという世伝を紹介する。

そして『吾妻鏡』の記事については、義経の首を美酒に浸して運んだとするが、夏の最中に四三日もかかっているから腐敗したはずで、首実検の真偽は疑わしいと指摘し、やはり義経の死には問題があり、蝦夷の人々が義経を崇め祭るというのも理由があることではないか、と疑問を呈している。

当時トップレベルの歴史家の判断としては、『吾妻鏡』の記述を真っ向から否定することはできず、正史本文では史料に従いながらも、俗伝・注記というかたちで義経生存説の可能性を提示するという方法を採った。とくに『大日本史』の割注には反論に近い記述がみられるが、これは編纂事業の中心で彰考館《しょうこうかん》総裁を務めた安積澹泊《あさかたんぱく》の書き込みとされている（岩崎克己『義経入夷渡満説書誌』）。澹泊は水戸光圀からも大きな影響を受けたが、新井白石とも親しく、澹泊が白石に宛てた書簡（『新安手簡《しんあんしゅかん》』付録、『新井白石全集』五）には、「義経蝦夷へ渡られ候と申説、荒唐《こうとう》の談にも之れ有る間鋪《まじき》と存ぜられ候」と記して、むしろ澹泊自体は蝦夷渡海説の可能性を肯定的に捉えていた。

いっぽうの白石は、澹泊との往復書簡などでは微妙な立場を採り続けた。正徳二（一七一二）年に草稿が成った『読史余論《とくしよろん》』上では、『吾妻鏡』の義経自殺説は然るべきかとしながらも、義経不死の俗説を記し、泰衡が献じた首は本物ではないだろうとする。「義経、手を束《つか》ねて死に就《つ》くべき人にあらず。不審の事也」としたうえで、蝦夷の義経館やオキクルミが義経だとする話を出し「義経のちには、奥へゆきしなどいい伝しともいう也」としている。白石にしても澹泊にしても、文献重視の立場からは、義経自殺説を真っ向から否定できなかったが、心情的には生き延びて蝦夷地に渡ったとする説に与したかったのだろう。

「渡海説」はいつ広まったか

ところで『本朝通鑑』の著者・林羅山には、寛永《かんえい》末年の成立とされる『本朝神社考』の著作があり、実証的な記述に加えて、霊異・方術や為朝の琉球渡海などについても記しており、義経も部分的に扱われてはいるが、蝦夷渡海説に関する記述はない。しかし鵞峯の『続本朝通鑑』には、俗伝ではあるが渡海説が紹介されていることから、この説は羅山の時代にはなかったとする見解がある（金田一京助「義経入夷伝説考」）。しかし、これは江戸で知られていなかっただけか、あるいは信憑性の低い風説とみなされていただけのことで、先にも述べたように、中世後期に蝦夷地に渡った和人の間には流布していたと考えるべきだろう。

とくに『本朝神社考』の完成と前後する時期の寛永二〇（一六四三）年、越前国新保《しんぼ》の船が韃靼に漂着し、乗組員たちが北京《ペキン》から朝鮮を経て帰国するという事件があった。幕府は彼らから口書《こうしょ》を作成し、これがやがて『韃靼漂流記』という書名で流布するようになる。これに興味を抱いた知識人は多く、白石も当時の関係者から情報を集めている。『新安手簡』のうち、享保七（一七二二）年一〇月に澹泊に宛てた書簡で、彼らが北京で義経と弁慶のような像を描いた札を門々へ貼ってあったのを見たという証言を引き、あくまでも義経は韃靼へ蝦夷経由で渡ったのだろうかとする推測を示すにとどまり、『蝦夷志』でもほぼ同様の記述を行っている。

この話は現存する『韃靼漂流記』の写本類には、ほとんどみえないが、次項でみる『異本義経記』をはじめ各書に登場することから、江戸では巷説としてかなり出回っていたものと思われる。そして韃靼にも義経・弁慶の図像があるなら、それは白石の論理のように、蝦夷から伝わったことになるため、それまでは漠然としてあった義経蝦夷渡海説に信憑性が付与され、先にみた『続本朝通鑑』の弁慶の図像のような記述（本書一〇七頁参照）になったものと思われる。

庶民への広がり

それまで蝦夷地の和人社会に留められていた蝦夷情報が、とくに松前藩の成立を契機に、寛永年間をすぎると盛んに江戸にも伝えられ、さまざまな書物に義経の蝦夷渡海説が登場するようになる。これは蝦夷からの直接情報ではなく、まず東北での話となるが、寛永七（一六三〇）年に四六〇余歳で死亡したと伝える清悦《せいえつ》という不思議な人物が登場する。別名を鬼三太《きさんた》とも称し、残夢《ざんむ》と呼ぶ場合もあり、常陸坊海尊《ひたちぼうかいそん》と同一人物だともされる。

清悦はニンカンという魚（一説に人魚）を食べて不老不死となったといい、彼は義経の家臣で衣川の戦いを経験したと話す。これについては、羅山の『本朝神社考』下「都良香《みやこのよしか》」にみえ、黒衣の宰相・天海《てんかい》も残夢に会ったとしているが、寛永八年の成立ともされる『清悦物語』に詳しく、同書では義経は衣川で自害したとする。ただ異本も多く、後の安永一〇（一七八一）年写の『鬼三太残齢記《きさんたざんれいき》』では、義経は蝦夷に逃げ延びたとしており、この相異からみると、寛永年間の東北には義経蝦夷渡海説が広まってはいなかった可能性もありえよう。

この義経渡海説を流布させる大きなきっかけとなったのは、延宝《えんぽう》五〜元禄一六（一六七七〜一七〇三）年頃の成立とされる『異本義経記』であった。これは『義経記』の単なる異本ではなく、『義経記』以外の内容をも採り入れて作成されたもので、残夢の話も採録されてはいるが、これは偽りだと退けている。

しかし『異本義経記』は義経の自害については否定し、衣川から逃れて「此の嶋に渡り給いて、島の司《つかさ》となり、今義経大明神と崇め、日本の伊勢大神宮の如く恐《お》ぢ怖れ候」としており、義経と弁慶の画像が家々の門戸にかけられているとする。ただ同書は写本が少なく、そのまま広く読まれたわけではないが、これに増補を加えた『義経知《よしつねち》緒記《しょき》』があるほか、元禄一六年刊の『義経記評判』（別名『義経記大全』）にも引用されており、その影響力は少なくなかった。

さらに通俗軍記作者として知られる馬場《ばば》信意《のぶのり》が、『異本義経記』を下敷きとして、正徳二（一七一二）年に『義経勲功《くんこう》記』を刊行すると、広く読者の眼にとまることとなった。しかも同書は、『異本義経記』が否定した残夢の話を中心とする「夢伯《むはく》問答」を冒頭におき、ここで義経の蝦夷渡海説を展開するどころか、義経は蝦夷の棟梁《とうりょう》になったとして、寛文九（一六六九）年に反乱を起こしたシャクシャインは義経の子孫にあたるとした。これについては『異本義経記』には見当たらないが、『義経知緒記』にも同様の記事があるほか、元禄一三（一七〇〇）年刊の遠《えん》藤元閑《どうげんかん》著『本朝武《ぶ》家評林《けひょうりん》』（明治大学図書館蔵本）巻三二も「源義経ノ末葉」としている。

しかし、さすがにシャクシャイン＝義経後胤《こういん》説は日本側に都合が悪く、やがては義経の家臣の子孫がシャクシャインの鎮圧に功績があった話へと逆転していく（倉員正江「近世における義経伝説の展開」）。いずれにせよシャクシャインの戦いは、和人社会に大きなインパクトを与えたが、これ以降、蝦夷地への関心が高まりをみせ、義経蝦夷渡海説の展開に拍車をかけたのである。

とくに宝永三（一七〇六）年には、大坂の竹本座《たけもとざ》で近松門左衛門作の人形浄瑠璃『源義経《みなもとのよしつね》将棊経《しょうぎきょう》』が上演された。このうち第五段では、義経と弁慶とが蝦夷ヶ島に渡り、義経は大王となって義経大明神《オキクルミ》と崇められ、二人の絵像が門の札に掛けられているとしている。蝦夷へ向かった理由としては、頼朝に跪《ひざまず》いて二、三カ国給わるよりも、広大な島の大王となって日本と肩をならべた方が良いというもので、最後は「扨《さて》こそ源氏の繁昌は、大日本の外迄もへだてず変らず退転なく、治りなびく安全の国土の、民こそ豊かなれ」と結ばれている。

また正徳二（一七一二）年の自序を有する寺島良安《てらじまりょうあん》の『和漢三才図会《わかんさんさいずえ》』は、公刊された絵入りの百科事典で当時の常識的な見解と判断されるが、巻一三「蝦夷」の項では、義経の衣川戦死は偽りであり、蝦夷に渡って島民に敬服され、その地で死んだとして、積丹に神祠《しんし》があるとする。ただ巻六五「衣川」では、『吾妻鏡』に従って自殺したと記すが、「俗伝を按ずるに」として、義経に似た人を身代わりとして蝦夷に渡り、島民に敬服され神社が建てられたとする方が正しいとして、渡海説に与している。

さらに同書巻六七藤沢「白幡明神《しらはたみょうじん》」でも、泰衡に攻められ自害したので首を藤沢に埋めたとするが、一説に云うとして、義経は蝦夷島に逃れたとしている。こうした芸能や書物によって、一八世紀初頭には義経蝦夷渡海説は庶民にとっても、かなり身近な知識となっていたのである。

蝦夷地開発への模索

そして一八世紀も後半になると、北方をめぐる情勢は大きく変化し、蝦夷地への関心が高まるにつれて、義経伝説展開の下地ともなる情報が社会的に広まりをみせた。松前藩の交易範囲は、はじめ東は厚岸、西は天塩《てしお》あたりまでであったが、この頃になると宗谷や根室《ねむろ》、さらには紋別《もんべつ》・斜里《しゃり》あるいはカラフトにまで場所が設けられ、近江商人などの進出も目立つようになって、交易対象地はかなり奥地にまで及んだ。また同時に、中国やロシアが蝦夷地に進出し、アイヌとの交易活動も活発化してきた。こうした商品経済の発達と海外情勢の変化によって、蝦夷地が大きな脚光を浴びるようになる。

天明三(一七八三)年に、仙台藩医で営利の才に富んだ経世家《けいせいか》の工藤平助《くどうへいすけ》は、ロシアの南下を指摘して、蝦夷地開発の緊急性を説いた『赤蝦夷風説考《あかえぞふうせつこう》』を老中《ろうじゅう》・田沼意次《たぬまおきつぐ》に献上した。同書は、幅広い蘭学者《らんがく》たちなどとの交流から得た長崎経由の海外情報をもとにしたもので、この献策は田沼に採用されるところとなった。これを承けて天明五(一七八五)年には、幕府は佐藤玄六郎・青島俊蔵《あおしましゅんぞう》など五名を蝦夷地へ派遣し、西蝦夷・東蝦夷のほかウルップやカラフトにまで渡って調査を行ったが、この時に青島の部下として最上徳内が参加していた。この調査では、ロシアとの交易や松前藩による場所請負制などの実情が明らかにされ、蝦夷地の大規模開墾を立案する契機となった。

積極的な経済政策を志向した田沼は、蝦夷地の海産物に注目して交易に力を入れるとともに、蝦夷地の開発策についても模索した。これを担当したのは、田沼の信頼厚い勘定奉行《かんじょうぶぎょう》の松本伊豆守秀持《ひでもち》で、佐藤玄六郎などからの情報に基づき、蝦夷地の大開墾計画を打ち出した。天明六(一七八六)年二月一四日の「松本伊豆守蝦夷地の儀に付申上候書付」(蝦夷地一件二―九、『新北海道史』七)によれば、蝦夷地の気候は厳しいが広大なので、総面積の一〇分の一としても一一六万町歩余・五八三万石余の新田畠《しんでんばた》開発が見込まれるとし、これには蝦夷人だけでは足りず都合七万人の移住が必要だという計画を立てた。

その労働力については、弾左衛門《だんざえもん》配下の長吏《ちょうり》・非人二三万人のうちに求め、代わりに身分を向上させるために、その所管である町奉行所との交渉を行うとしている。これは蝦夷地における労働力の確保が、一般的なかたちでは難しく、被差別民を使おうとしたことを示すが、結局、この計画は同年八月の田沼失脚で画餅に帰すところとなる。

そして、いわゆる寛政の改革が始まり、老中首座・松平定信《まつだいらさだのぶ》によって反田沼路線が採られると、商品経済化の進展に歯止めがかかったほか、やがては蘭学も抑制されて『三国通覧図説《さんごくつうらんずせつ》』や『海国兵談《かいこくへいだん》』を公表した林子平《はやししへい》が処罰を受けるようになる。そうしたなか寛政元(一七八九)年五月に、道東でクナシリ・メナシの戦いが起こったが、この情報を幕府に伝えたのは、松前藩ではなく南部領の野辺地《のへじ》に仮寓していた最上徳内であった。

徳内は、かつての上司・青島俊蔵に書状を送り、これが上申されて後に蝦夷地担当の老中格となる側用人《そばようにん》・本多忠籌《ほんだただかず》の眼にとまり、俊蔵と徳内が急遽蝦夷地へ派遣された。この派遣においては俊蔵の松前藩への内通が問題となり、両名とも投獄され俊蔵は獄死したが、徳内は許され本多利明《としあきら》に預け置かれた後、蝦夷地政策を重視した忠籌に重用されて、以後しばしば同地へ赴くことになる(浅倉有子『北方史と近世社会』)。

ロシアの脅威と蝦夷地開発

もともと徳内の師匠にあたる本多利明は、クナシリ・メナシの戦いの後に『本多氏策論 蝦夷拾遺』の序文を綴り、ロシアの脅威を説くとともに、蝦夷地開発の方法について論じ、その労働力には左遷人や助命した死刑囚たちを宛てれば、蝦夷地は良国となるとし、アイヌは「元は日本人の種類」としている。そして徳内も、寛政二(一七九〇)年成立の『蝦夷草紙』に、千島について「日本人種類の蝦夷人住居すれば、則ち日本の境内に疑なし」、また「(注・アイヌは)元来日本人と種類ひとしき性《さが》」などと記しており、おそらくロシアを意識し、アイヌが日本人の一部であることを強調している。

こうした利明の献策や徳内の報告書などを通じて、本多忠籌は、ロシアがアイヌを撫育《ぶいく》してカラフトや蝦夷地の領有を目論んでいることや、蝦夷地が良国となる可能性が高いことを認識していた。ただ松前藩に対しては、場所請負人の経営に有利なように、アイヌに農耕のほか日本語や文字の使用を禁止していることなどを批判的にみていた。

そこで忠籌は、アイヌを幕府役人が撫育し日本化することで蝦夷地を押さえ、ロシアからの防衛策とすることを考えた。これは定信のロシアの目的は単に交易だとする認識や、蝦夷地のことは松前藩に任せるという政策とは大きく異なるもので、ある意味で田沼以来の蝦夷地開発計画と通じるところがあり、後の蝦夷地幕領化への布石ともなった(浅倉前掲)。

蝦夷地に赴く人々

こうしたことから田沼政権の時代以降、多くの人々が蝦夷地に赴くようになった。狂歌師《きょうか》として名高い平秩東作《へずつとうさく》も、天明三(一七八三)年に松前へ赴き江差で越冬している。その頃の長崎貿易の中心となっていたのは、蝦夷地の熊皮などの獣皮や干鮭・干鮑《あわび》・イリコ・昆布などの海産物で、その利益に眼を付けていた東作は、松本伊豆守配下の依頼によって蝦夷地への視察を試みたのである(浅倉前掲)。

その記録である『東遊記』には、アイヌが酔って義経の歌を歌うとしているが、義経が蝦夷に渡ったのは事実なのだろうかと疑いをはさんでいる。この時期に一旗揚げようとして蝦夷を訪れた人々のほとんどが、オキクルミと義経(あるいは判官)という二人の英雄の置き換えを経験したものと思われる。

こうして脚光を浴びた蝦夷地には、この時期に徳内のほか村上島之丞《むらかみしまのじょう》(秦檍丸《はたあわきまろ》)や間宮林蔵《まみやりんぞう》・松田伝十郎《まつだでんじゅうろう》さらには本多利明といった民間出身者が訪れて多くの紀行文や観察記録を残すところとなった。そうしたなかで寛政一〇(一七九八)年には、蝦夷地調査の意見書を提出して松前蝦夷御用取扱《ごようとりあつかい》の任にあった幕臣・近藤重蔵《こんどうじゅうぞう》が蝦夷地巡見に赴き、徳内とともにカラフトや千島列島を調査して、エトロフではロシア人の十字架を撤去し「大日本恵土呂府《えとろふ》」の標木を建てている。

なお『蝦夷国風俗人情之沙汰《にんじょうのさた》』で徳内は、エトロフの地名由来について、島中央のエトロフワタラという山にちなむとするが、もともとは、これがオキクルミとサマユンクルの太刀の柄の鐶《かん》に提げた鼻緒《はなお》の形に似るからで、エトロは鼻、フは緒、ワタラは岩山の意だとする説を紹介している。ただし徳内は、この二人が義経と弁慶かどうかは保留している。なお同行していた水戸藩の木村謙次《けんじ》は、『蝦夷日記』同年七月一九日条に、この島から判官(義経)が逃げた時に、その従者が一人ここに残ったという話を書き記している(『茨城県立歴史館報』二三)。なお同じく八月二日条には、クナシリ島北東端のアトイア岬で、遠見山《とおみやま》に「判官祠」を奉祀して、その額字を謙次が書き、重蔵が鎧兜を着し、徳内が剣を試し夷人に酒を振る舞った旨を記している。アイヌのいたエトロフやクナシリにも、オキクルミとサマユンクルの話が残されていたため、義経伝説に関するものとして書き留められたのであった。

義経神社の創建

さらに、そのもっとも典型的なのが平取《びらとり》の事例で、この地のアイヌたちが、オキクルミが君臨したとするハヨヒラの丘を、重蔵は義経の館と理解し、チャシ跡と思われる地に義経神社を創建したのである(扉写真参照)。これについて、安政三(一八五六)年に佐倉《さくら》藩が蝦夷地へ派遣した窪田子蔵《くぼたしぞう》は、『協和私役《きょうわしやく》』同年九月五日条に、現地の支配人からの伝聞として興味深い記述を残している。

子蔵は、寛政の時のこととして、重蔵と徳内および松前生まれの通詞・上原熊次郎の名を挙げ「此三人相議して、ヲキクルミカムイをば義経公とし、シヤマヤングルは弁慶と定め、且《かつ》此地に勧請せしなり……此二神を尊むは夷人皆然《しか》り。此地に限りたる事は無し。夫《それ》も彼三人の謀《はから》いなるべしと云」と記し、この二神が義経と弁慶だという明証も、ここに祀るべき謂われもなく、これはあくまでも「三人の好事」だと断言している。

ただ先にもみたように、徳内は『渡島筆記』のなかでオキクルミ義経説を強く否定していたが（本書一〇三頁参照）、この判断には上司である重蔵の意向が強く働いており、異を唱えることが難しかったのだろう。なお先の『蝦夷日記』寛政一〇（一七九八）年一一月一七日条には、重蔵がアイヌの長に請われて一五日に与えたという「告諭」が引かれている。

これによれば、ここは義経の遺跡であるから、予（重蔵）がここに小祠を建て、義経を神として祭ることで「永く此国を守護し、且《か》つは以て邦家《ほうか》の福を祈る。後に此土《しど》に来るの人夷《じんい》は奉順し敬愛す。謹《つつしん》で此言に違《たが》うこと勿《なか》れ」と記したという。重蔵は、アイヌの英雄伝説を義経に置き換えたのみならず、この地の守護神に義経を祭り上げた。こうして義経渡海伝説は、幕府の巡見使によって既成の事実とされてしまったのである。

3　大陸へ渡る義経

まずは金へ

さらに義経渡海伝説は飛躍して、大陸へ渡ることになる。ただ初めのうちは、『御曹子島渡』の影響が強かったこともあり、義経がアイヌの人々に神として崇められているという渡海伝説までで留められていた。ところが先にもみたように(本書一〇九頁参照)、寛永二〇(一六四三)年の越前国新保船の韃靼漂流事件あたりから、さらに義経が大陸へ渡ったとする説が受け容れられるようになる。

こうした大陸入部説の比較的古い例としては、延宝年間(一六七三~八一)以降の成立とされ、津軽藩主の子で京都養源院《ようげんいん》の住職が記した『可足記《かそくき》』に、次のような話が収められている。義経の首は身代わりの家臣のもので、泰衡の死後、義行《よしゆき》と名を変え、高館《たかだち》から鎌倉を攻めようとしたが、失敗して外ヶ浜に逃げ遁《のが》れた。そして三厩《みんまや》から狄《えぞ》が島へ漂着して戻らず金《きん》国へ渡って、その子孫が源義澄《よしずみ》と名乗ったという。しかし同書は個人的な日記で公刊されたわけでもなく、近世前期においては、義経が海外で活躍したという伝説は、一部の知識人の間に存在しただけだったとしてよいだろう。

ところが近世も中期の一八世紀になると、義経が蝦夷から金(女真《じょしん》)に渡って活躍したという議論が話題を呼ぶようになる。享保二(一七一七)年に刊行された加藤謙斎《けんさい》著『鎌倉実記《かまくらじっき》』(国会図書館蔵本)巻一七には、「高館没落し義経金国に遁《のがるる》事」の項があり、「金史列将伝に曰く〔金史別本〕、範車《はんしゃ》国の大将軍源光録《こうろく》(大膳大夫《だいぜんのだいぶ》)義鎮《よししげ》は日東《にっとう》(日本)の陸華仙《りっかせん》の権冠者義行《ごんのかじゃよしゆき》の子也」という引用を行ったうえで、「俗説に蝦蛦人義経を信敬する、神の如し、いかさまにも蝦蛦《(ママ)》を従えて後に金に至り章宗《しょうそう》(同書では二代とするが六代の誤)に仕え玉うなるべし」としている。つまり中国の史書「金史別本」の金史列将伝にみえる源義鎮とは、義行つまり義経の子で、蝦夷を従え金に渡った義経自身も章宗に仕えたという。

しかし「金史別本」なる書は存在せず、この記事は全くの捏造《ねつぞう》であったが、仙台藩史を編纂した儒学者・佐久間《さくま》洞巌《どうがん》はみごとにひっかかり、その著『奥羽観蹟聞老志《おううかんせきもんろうし》』巻一七の「義経事実考付録」で、『鎌倉実記』の「金史別本」を引き、義経が金に渡ったことは「異国の書に符合すれば決定疑うべからず」としている。洞巌は、白石と文通による交流があったが、この金史の記述について、白石は疑問をはさみつつもかなりの興味を抱いた。

白石は安積澹泊への書簡では（『新安手簡』、『新井白石全集』五）、享保八（一七二三）年七月一二日には「金逸史《きんいっし》の事……誰某見候《たれがしみそうろう》とばかりにて、写しも得られず候事、俗人の疎放《そほう》にやと、是非に及ばず候」としつつも、別の書簡には「金史に義経の事候由、いかにも〳〵六七年以前に、此方へも僧家《そうけ》より伝聞の事候て、金史一行も残らずくらせたる事に候、兎角《とかく》見え候わぬ故《ゆえ》、伝聞の訛《あやまり》と打捨《うちすて》さし置候《おきそうらい》き」と記したが、入手できそうだと聞くと写を所望している。

その写を一読した白石は、まず金史そのものではなく別本である点を疑い、全体の拙さを指摘して、即座に謀書《ぼうしょ》であることを見抜き、年月日未詳の書簡には「地名官号はさておき、文字の拙き、一句として見るに足るべくも候所なく覚候、世にはかゝる妄人《もうじん》も候て、世を誑《たぶら》かし人を欺《あざむ》き候事、いかなる事に候歟《そうろうか》」と綴って憤りを示している。

さすがに「金史別本」に疑いを抱いた人々は他にもおり、元文五(一七四〇)年に没した篠崎《しのざき》東海《とうかい》は、宝暦《ほうれき》八(一七五八)年刊の『和学弁《わがくべん》』巻四および安永五(一七七六)年写の『東海談』(宮城県図書館青柳館文庫蔵本)巻上で、「金史別本」に対して痛烈な批判を行っている。東海は『和学弁』では、同書は偽書で作者は中根丈右衛門《じょううえもん》の知音《ちいん》とし、さらに『東海談』では、「鎌倉実記の編末に、金史別本と云《いう》書を引《ひき》て書たるは、跡形もなき空言也、予金史別本と云は偽書なりと知て、中根丈右衛門と論じて、偽作せし人を屈服せしめたり、中根氏も是に我を折し也」と記し、著者に直接糺《ただ》して同書の虚妄性を暴いている。

その後、この話は広く知れ渡ったようで、後にみるように、諸書で「金史別本」批判が行われるようになるが、内容的に緻密な批判を展開したのは、先の佐久間洞巌の弟子にあたる仙台藩医の相原友直《あいはらともなお》であった。安永二(一七七三)年の序を有する『平泉雑記』巻一の「義経蝦夷に渡る」では、詳細に史料を吟味したうえで、『吾妻鏡』によるべきだとして衣川での自殺説を採っている(『平泉町史』史料編二)。また巻三の「鎌倉実記を弁ず」では、異国で義行という変名を名乗ることや日東陸華仙という地名がおかしいなどと反論を加え、『鎌倉実記』は無知な人々を欺く書だとしている。

さらには清へ

こうして渡金説は効力を失ったが、寛政四（一七九二）年に蝦夷を訪れた串原正峯は、『夷諺俗話』巻一に、アイヌの人々が義経の武威《ぶい》に恐れ服したとして、「夫《それ》より全国（金の誤）へわたり給いしよし云伝うる事なるか」と記しており、蝦夷地にまで金に渡ったという流言が広がっていたことが窺われる。

また延享《えんきょう》三（一七四六）年の跋《ばつ》を有する米山沾涼《よねやませんりょう》『本朝俗諺《ぞくげん》志』巻四には、義経がカラフトで農耕と文字を教えて国王となり源国を建てたとする話がある。大陸ではなくカラフトで国を建てたというのは、蝦夷地でアイヌに崇められる存在から一歩進んで、とにかく義経には他の国を治めるだけの力量があることを強調させたかったのであろう。はじめのうちは、義経は金の皇帝の臣下だとする話に留まっていたが、その後にはしだいにエスカレートして、義経の扱いは国王レベルにまで祭り上げられることになる。

明和《めいわ》五（一七六八）年刊の滕英勝《とうえいしょう》著『通俗義経蝦夷軍談』（『札幌大学総合論叢』三、北海道立図書館本）は、白石著『蝦夷志』などの蝦夷知識によりながらも、筋立ては荒唐無稽な軍談風の物語で、義経の軍が蝦夷軍との戦いに勝利する過程を描いている。典型的な義経蝦夷渡海物語であるが、その「凡例」には、実に興味深い記述がある。まず衣川での義経の死は諸書に歴然としながらも、蝦夷地における義経伝説を紹介する。そして「義経金へ渡りしと云う説あれどもその証慥《たし》かならず」と渡金説を否定したうえで、清で門毎に貼られている義経の画像を確かなる証拠として、「義経蒙古を平治し、北韃靼へ渡り義経の子孫北狄《ほくてき》に在りて遂に今中華を一統し、国号を清と名付けしは、清和《せいわ》源氏の清なりと云い伝え、今中国の天子は義経の子孫なりと云えり」と断定している。

ついに義経は清の祖となったわけである。これは先にみた越前新保の漂流者の言によったものので、ちょうど清の勃興期にあたっている。ただ年代的には、かなり無理のある話となるが、これを祖先というかたちで乗り越えようとしたのである。義経伝説は、近世前期には蝦夷渡海説が主流であったが、同時に大陸へ渡ったとする説も一部に存在したものと思われる。これが一気に世の話題に上るのは、天明三(一七八三)年の序文を有して同七(一七八七)年に刊行された森長見《もりながみ》の『国学忘貝《こくがくわすれがい》』によってであった。

同書巻下には、清が編集した『図書集成《としょしゅうせい》』という一万巻におよぶ書があり、このうちに「図書輯勘《しゅうかん》(録脱)」という一三〇巻があるとして「清帝自ら序を製作あり。其の略文とて、朕《ちん》、姓は源、義経之裔《えい》、其の先《せん》は清和に出《い》ず、故に国を清と号すとあり、清と号するは清和帝の清なり」と記されている。ただ同書は明和元(一七六四)年に幕府の官庫に収められたというが、聞いただけで「右清帝自序あることは其の真偽を知らず」としている。なお『図書集成』は、正式には『欽定古今図書集成』という書名で、実際には、これより以前の徳川吉宗《よしむね》の時代に紅葉《もみじ》山《やま》文庫に収められている。

また、これに関しては、天明八(一七八八)年の跋を有する『浄土真宗名目図』に、『図書集成』と「図書輯勘録」についての記事があり、「弟《(第の誤)》三十の序に云、乾隆《けんりゅう》皇帝述ぶ、我が姓は源、義経の裔、其の先は清和、姓は源、故に国号を清とす、姓は源、伊藤才蔵《いとうさいぞう》之記に出ず」としている。伊藤才蔵とは、伊藤仁斎《じんさい》の五男で、安永七(一七七八)年に没した和歌山藩儒者の伊藤蘭嵎《らんぐう》のことと思われる。

「偽書」をめぐって

実は、この話もまた捏造であった。『国学忘貝』を読み『図書集成』の実見を渇望していた森島中良《ちゅうりょう》つまり桂林《けいりん》こと桂川甫粲《ほさん》は、兄の幕府医官・桂川甫周《ほしゅう》の威光を借りて官庫の『図書集成』を見る機会を得た。しかし初巻巻首に雍正《ようせい》帝の序があったが、義経の話は出ていないのみならず、総目録を見ても「図書輯勘」という書の名前もなかった。このことを寛政二(一七九〇)年刊の『桂林漫録《まんろく》』巻下「図書集成」の項に、大いに失望したが、とにかく同書を見られたことは幸いであり、義経の件は懸念を断つべしだと記している。

また、文久二(一八六二)年に刊行された谷川士清《たにかわことすが》の『倭訓栞《わくんのしおり》』中編巻二八「よしつね」の項では、『鎌倉実記』の「金史別本」を偽作とし、長崎町年寄で書物改役《あらためやく》の後藤貞栄《さだえ》と思われる人物の説として、「清を清和の清にて義経の末ということ、図書集成にも見えず、金史も亦いぶかし」と記している（『増補語林倭訓栞』国書刊行会本）。さらに、もともと蝦夷渡海説を否定し、天明四（一七八四）年に没した伊勢貞丈も、『安斎随筆』巻五で『鎌倉実記』の「金史別本」を偽書とし、『図書集成』の序にあるという義経の話も大嘘で、貞丈は同書の序の写を見たがなかったとしている。

なお『倭訓栞』は、清の門々にかける義経像については、来日した清人に聞くと、太祖の図であるが、長崎諏訪社の義経弓流《ゆみながし》の絵馬の図みたいなもので、新保の人の話は単に似ているというだけだとしている。

さらに文化二（一八〇五）年に没した橘南谿の『北窓瑣談《ほくそうさだん》』は、寛政年間の記事を中心とするが、後編巻一には「往年、唐土《もろこし》より大清《たいせい》（ママ）会典《かいてん》という書を関東へ献ぜし事の有りし。其中に、今の清朝は清和源氏の流れにして、源義経の末裔なる事を載せたり」とある。その副本一部を長崎の唐通詞神代《かみしろ》氏が写し留めて家蔵していたが、その子息の太仲《たいちゅう》が、南谿たちに内容を語ったという。南谿は、これを太仲が見たというのは「奇中の又奇なること」だとする。

続けて同書は、これを木村蒹葭堂《けんかどう》も持っており、ある大名に差し上げたが、蒹葭堂は清和源氏のことは見た記憶がないという。おそらくは虚説で、太仲が幼少の時のことなので見間違いだろうとする。ここでは『図書集成』ではなく、『大清会典』となっているが、『図書集成』の誤りだろう。

こうした虚説は相当な広まりをみせていたようで、文化一〇（一八一三）年に没した恩田蕙楼《おんだけいろう》の『竈北瑣語《そうほくさご》』（『三十輻第一』）七では、「図書輯勘」が「香祖筆記」となっているほか、寛政二（一七九〇）年の自跋を有する松前広長《ひろなが》の『夷酋《いしゅう》列像附録』にも、「清朝撰するところの図書集成中に、源廷尉韃靼に到れるよしを載《の》せたりとぞ……又或説に、清朝撰するところの御製詩文集序文中に、我始祖源義経の章ありと云えり。実否未詳……況《いわん》や古今和俗樵夫牧童にいたるまで云いふりたることなれば、其の説尤も廃しがたし」とあり、松前藩の文人家老までもが不確かな記述を行っている。一般には、『鎌倉実記』『国学忘貝』そのものや、その反論書を読むことなく、清祖が義経だとする口碑が広く浸透していたことが窺われる。

ただ日本中を歩き回って蝦夷地にまで足を延ばした古川古松軒《ふるかわこしょうけん》は、寛政元（一七八九）年稿の『東遊雑記』（平凡社東洋文庫本）巻七に、「清朝の太祖《たいそ》はマンチウ（満洲）の人にして賢君の名あり。義経公マンチウに渡り給いし事跡、マンチウの夷人いい伝え、それをまたソウヤに伝うことにて、清の太祖は義経公の子孫に相違なしといえり。信じ難き説ながら、人の語りしを記せるのみなり。これを見る人の考えもまたあるべし」と記して、満洲人の太祖が名君であることと、義経の渡満が無関係であることを認識したうえで、渡満説の是非を各自の判断に委ねている。

なお間宮林蔵の見聞を記した文政九（一八二六）年成立の『窮髪紀譚《きゅうはつきたん》』（『東韃地方紀行他』）には、「満州人に源義経蝦夷より満州へ入りし事を度々に尋ねしに、聢《しか》といたせし証拠はなく候えども、当時漢土の天子は日本人の末なりという事承り伝え候」とあるが、これには「おもうに蝦夷へ行きし我国人言葉を聞き伝えたるにてあらん歟《か》」という意見が付されている。林蔵が推測しているように、このことは、和人やアイヌ民族と満洲の地の人々との間に密接な交流があったという史実を、単に物語るにすぎない。

それにしても偽書を二度も捏造してまで、義経を大陸での英雄に仕立て上げたかったという情熱には驚嘆させられる。とくに寛政七(一七九五)年に没した神沢杜口《かんざわとこう》は、『翁草《おきなぐさ》』巻二八「諸録抜萃」に「金史別本」を引くとともに、巻一七七「国学忘貝抜萃」でも『国学忘貝』からの抜粋を行っている。そして巻一八六「清朝天子源義経裔の説再考」では、そもそも清朝は北の蛮族であるから、それを恥じたとして「天子自ら図書輯勘に序して、日本の裔と称せらるゝ事、我朝の美名、万世に伝えて、吾国の光輝たり」と記し、先の「国学忘貝抜萃」では「(義経が)西土を掌握有し事、実に快然たる哉」という感想を認めている。おそらく、こうした当時の知識人の心情が、義経の清朝王祖説議論を盛り上げていたものと思われる。

また高い教養と知性を身に付けていた大名・松浦静山《まつらせいざん》でさえ、文政四(一八二一)年から二〇年間書き続けた『甲子夜話《かっしやわ》』正編巻八八では「義経韃靼に往《いき》しは実事なるべし」としている。すでに同じく巻六三では「予『金史』を見るに、此文なし」として「金史別本」を否定し、続編一八でも、「金史別録《ママ》」を偽書と断定し『図書集成』にも該当記事がないとしながらも、最終的には清祖を義経とする説を紹介している。しかも「愛新覚羅《あいしんかくら》は今の音にて「アシハラ」なり……葦原中洲《あしはらのなかつくに》の訓に通うも何の故にや。亦其の始の、我国と続くことも有りてなるか」という論法を展開している。まさに近世後期の多くの知識人たちは、義経伝説を「美しい歴史」へと転換させようとしていたのである。

そしてジンギスカンに

そして最終的に義経は、中国史上最大の英雄の一人である元祖・ジンギスカンへと変身させられるところとなる。その論陣を最初に張ったのは、日本人ではなくフィリップ・フォン・シーボルトであった。文政六(一八二三)年に来日し、長崎の鳴滝塾《なるたき》などに多くの門弟を集めて洋学の発展に尽くしたが、シーボルト事件によって同一二(一八二九)年に国外追放となった。在日中に収集した膨大な日本関係資料をもとに、ライデンで『日本』などの著作に専念したが、安政五(一八五八)年の日蘭修好通商条約の締結を機として、翌年に再来日を果たして活躍し、文久《ぶんきゅう》二(一八六二)年に帰国した。

シーボルトが義経＝ジンギスカン説を展開したのは、一八五二(嘉永《かえい》五)年執筆の『日本』第一編「日本の地理とその発見史」第五章のアイヌ民族に関する注一〇においてである。まず通詞・吉雄忠次郎《よしおちゅうじろう》が、義経は自殺せずに蝦夷から韃靼に渡り元の祖となったと確信しているという話と、新井白石が『蝦夷志』で義経が韃靼に渡ったと結論していること（注・結論ではなく推論。本書一〇九頁参照）を根拠に、以下のような議論を展開している。

すなわち①ジンギスカンが二八歳で大汗《だいかん》に即位した年と義経が三二歳で自殺したと伝える年は等しく一一八九年であった。②ジンギスカンが即位の際に九つの纓《えい》の付いた白旗を立てたが源氏も同じく白旗を用いる。③ジンギスカンの汗は日本語の守と同じ語源である。④白色を尊重するなど大汗の宮廷の風俗習慣が天皇の宮廷のそれと一致している。

これでは論証には及ばず類似点を並べただけで、さすがにシーボルトも断定にまではいたらず参照すべき事項として留め、あくまでも注記の一部として扱っているにすぎない。しかし、こうした「傍証」で脇を固めた二度目の来日時には、この説を日本の友人たちに盛んに吹聴している。文久三（一八六三）年刊の松浦武四郎『西蝦夷日誌』二編には、蕃書取調所《ばんしょとりしらべ》にいた友人・大島高任《たかとう》から、次のような話を聞いたとしている。

シーボルトは中国に渡って「建靖寧寺記《けんせいねいじき》」という碑文を見たが、これは蒙古語で全く読めなかった。しかし中国人から大意を聞くと、元の太祖はもと日本人で、兄の勘気に触れて蝦夷に渡り、彼らを服従せしめて満洲に移って蒙古に赴き、中国を治めて帝位に上り、源氏の源を借りて元と国号を改めた旨が記されているという。これは『柳庵雑記《りゅうあん》』という書に基づくというが、同書については、近代の義経＝ジンギスカン説で改めて触れたい（本書一九五頁参照）。ちなみに武四郎は、この説に心情的共感を寄せている。

なお蕃書取調所にいた西周《にしあまね》も、明治二（一八六九）年稿の「末広の寿」で、やはりシーボルトが元の太祖は蝦夷に渡った義経であると、再来日した際に話したとしている（『西周全集』三）。先の「建靖寧寺記」と思われる碑文が幕府開成所にあったが、蒙古文字のため読むことはできなかったと西は記している。ドイツ人のシーボルトが洋学者たちに、盛んに義経＝ジンギスカン説を説いていたことが分かるが、不思議なことに『日本』では、この碑文については触れられていない。むしろここでは、シーボルトの発想の原点を見きわめておく必要があろう。

風説とシーボルトの論証

最初にシーボルトが、義経＝ジンギスカン説の論証に取り組むようになったのは、吉雄忠次郎にその説を聞いてからのことであった。ただ、それは単なる風説にすぎず、シーボルトは文献的な裏付けが欲しかった。そこで『日本』執筆段階で白石の『蝦夷志』を、フランス語訳マルテ・ブリューン編『地理および歴史に関する探検旅行記集』第二四巻で読んだという。

ただ『蝦夷志』で白石は、義経の韃靼行と清祖説について触れてはいるが、全面的に肯定しているわけではなく、ましてや元祖説にはいたっていない。これまでみてきたように、近世中期には義経＝清祖説が一般的で、韃靼はアジア東北部つまり満洲近辺と認識されており、義経の韃靼行は広く信じられていた。シーボルトは、これを『蝦夷志』で押さえ、韃靼をモンゴルつまり元と解釈して、義経＝ジンギスカン説を展開した。

しかし、もしかすると第一回目のシーボルト来日中の頃から、義経が清祖ではなく元祖だとする噂話が流れていたのかもしれない。ちなみに天明三（一七八三）年の跋を有する都賀庭鐘《つがていしょう》の『義経磐石伝《ばんじゃくでん》』巻六下では「義経宋国に至《いたり》て胡王《こおう》となる」として、宋を助けて元と闘い、一部の地域に清和国を建てて王となったとしている。その後、読本の世界では、競って年代の引き上げが行われていたようである。

そしてシーボルトがライデンで元祖説を執筆する二年前の嘉永三（一八五〇）年に書写された、永楽舎一水《えいらくしゃいっすい》の『義経蝦夷軍談』（写本焼失、島津久基『義経伝説と文学』による）では、義経＝ジンギスカン説が紹介されている。とくに序文では、義経が蝦夷から満洲に渡ってジンギスカンと名を改め、一子・清義臣《しんぎしん》を帝位に即けて元と命名したとし、さらにその子孫が韃靼に残り明を倒して清祖になったとしている。ただし同じ一水の嘉永六年序『義経蝦夷勲功記《くんこうき》』では、義経は蝦夷地を統一し幾久留美《ぎくるみ》大王として尊敬されているという話に留められている。

いずれにしても『義経蝦夷軍談』は、それまでの清祖説を一気に元祖説にまで引き上げたもので、より強力な義経伝説を構築するのには好都合な論理であった。こうした話が一部に風説として存在しており、これを忠次郎から紹介されて、その論証をシーボルトが試みたことになる。おそらく忠次郎にしても、義経＝ジンギスカン説に確実な根拠があったわけではなく、それまでの義経伝説論議を踏まえてのことだったのだろう。

こうした点からすれば、やはり義経＝ジンギスカン説を信じ、不充分とはいえ論理的根拠を示して展開したのはシーボルトが最初であった（岩崎克己「シーボルトの成吉思汗即源義経説とその後世への影響」）。ただし、この義経＝ジンギスカン説を準備したのは、文献を偽造してまで渡金説や清祖説を吹聴し、それを議論の俎上に載せて楽しんできた近世の知識人と民衆たちだったのである。

村々の義経伝説

ところで義経の渡海説が、村レベルでどのように受け止められていたか、についても検討しておきたい。北陸・東北の各地の村々には膨大な義経伝説が残されているが、まず秋田県の事例を対象とした興味深い報告によりながら（錦仁「義経と弁慶」）、この問題を考えてみたい。県内の二七カ所に義経・弁慶に関わる伝承が確認されるが、このうち四例を除けば、すべて寺社に関するものであることと、ほとんどが義経ゆかりの物品をめぐる内容であることが大きな特徴となっている。

たとえば羽州岩城《いわき》村（秋田市下新城《しもしんじょう》）の八幡宮と別当《べっとう》・神応《じんのう》寺では、義経重臣の鈴木三郎から、その文書と由縁の仏像を譲り受けて本尊となし、神主でもある修験の家が鈴木の末孫を名乗っているという。つまり開基の鈴木三郎が、血筋とは無関係に、旅先の見知らぬ村人に仏像を託して去ったことになる。しかも、これに関わる由来書には、具体的な地名が明記されておらず、どこの誰に与えても使用できるような仕組みとなっている。義経伝説に関わる縁起そのものを売り歩く存在があったことを窺わせる。

なお羽州白沢《しらさわ》村(大館市《おおだて》)の鹿戸《かど》野神社には、同じく重臣の亀井六郎が隠し持った観音仏像を村人に与えて去ったので、彼らは喜んで社を建立し産土神《うぶすながみ》として敬ったという。こうした伝承は東北各地に数多く存在し、しかも最初は北国落ちの途中であったストーリーが、蝦夷への逃亡中の話へと変容することが多いという。さらに近世後期には、義経・弁慶の遺物・遺跡は、旅人から料金をとる見世物となっていた。おそらく鈴木三郎や亀井六郎のものと伝える仏像なども、義経伝説ゆかりの記念物として賽銭集めに利用されたとみなしてよいだろう。

また明和五(一七六八)年から文政五(一八二二)年にかけて書かれた大田南畝の『平日閑話《はんにちかんわ》』巻二二には、奥州会津《あいづ》油田《あぶらだ》村百姓惣平《そうへい》所持の「源義経の古文書」が引かれている。

此度北敵《ほくてき》に相渡り候為粮米《ろうまいとして》、粟《あわ》七斗致借用者也。帰参これ無く候わば、時の将軍の裁断に預かるべく候也。

伊予守源義経　判

文治四年四月十八日

筆者　亀井六郎とこれ有り

その解説として、惣平は年貢未進を行っていたが、家の棟木《むなぎ》の箱詰から出てきた渡海のための義経の借用書を公儀《こうぎ》に提出したところ、吟味の上、知行三〇〇石を賜った旨が記されている。まさに六〇〇年以上も前の借用証文に、時の将軍（公儀）が応えたことになる。

これに関わる実際の文書としては、宮城県下で一点、埼玉県下で二点が確認されるほか、諸記録などの引用計三点の存在が確認されており、すでに検討が加えられている（白井哲哉「義経渡海説を語らせたのは誰か」）。おそらく実際には、この手の文書が、かなり出回ったものと思われるが、いずれも表記や表現に微妙な違いがあるだけで、ほぼ同一の内容となっている。

会津に該当の村名は実在せず、寛政八（一七九六）年に会津藩の役所で吟味したという記載もあるが、新たに知行を賜ったという内容は信用に堪えない。これらの文書ソースを発信したのは、領主側であったとされるが、同じ源家の末裔である幕府側が、義経の証文を履行したとするには無理があり、あまりにも幼稚で領主側のメリットが明確ではない。

この借用書で利益を得ることになるのは、少なくとも会津油田村（池田村・沖田村ともある）の惣平(宗平)個人だけであるから、こうした偽文書の写を所持することに直接のメリットはない。ただ一般的に義経北行伝説への関心が高く、その所蔵が社会的なプラスイメージになると認識されていたことは確かだろう。おそらく義経伝説に乗じて偽文書の写を村々に広め歩くような輩が存在したものと思われる。彼らから謝礼を払って求めるなり、あるいは書写するなりして広まったものだろう。

なお寛政七(一七九五)年の自跋を有する津村正恭《つむらまさゆき》『譚海《たんかい》』巻四によれば、越後寺泊《てらどまり》の酒屋には義経・弁慶を泊めた時の謝状を伝える家があるという。いずれにしても一八世紀後期以降になると、都市部の政治家・文人のみならず、村々の知識人たちも、義経渡海伝説に深い関心を寄せていたことが窺われる。北陸や東北・関東の村々に残る義経伝説は、こうした人々によって支えられてきたのである。

第二章　浸透する為朝伝説——琉球王朝の祖として

1　薩摩の侵攻と為朝伝説

中世末期の為朝伝説

すでに第Ⅰ部第二章でみてきたように、中世における日琉間の交流はかなり盛んで、商人的武士のほか五山僧や熊野修験など、多くの和人が沖縄を訪れており、ヤマト文化の一部が受容されていた(本書八四頁参照)。おそらく中世末期には、かつて南九州を拠点として活躍した伝説的な英雄である為朝の存在が、沖縄でも知られていた可能性はかなり高いだろう。つまり半井本『保元物語』で為朝が渡ったとされる鬼島を琉球へと読み替え(本書六五頁)、為朝が沖縄に来たという話を、和人が持ち込んだものと考えられる。それゆえ伊波普猷が、運天に来たという和人の話を為朝のことだと思い込んだような話の前提となる為朝来琉譚が(本書七〇頁)、中世後期には沖縄の人々の間にも広まっていたと考えられる。

しかし、このことがそのまま為朝＝中山王始祖説に繋がるわけではない。いずれにしても為朝を王祖としたのはあくまでも和人で、これは半井本『保元物語』で鬼島の鬼を従えさせたという話の拡大解釈とすべきだろう。このことは為朝琉球王祖説の初見である『幻雲文集《げんうんぶんしゅう》』「鶴《かく》翁字《おうじ》銘《めい》并《ならびに》序《じょ》」からも窺うことができる。大永《だいえい》三（一五二三）～天文二（一五三三）年頃に、五山僧の幻雲すなわち月舟寿桂《げっしゅうじゅけい》は、「吾国に一小説有り、相伝《そうでん》に曰く、源義朝舎弟鎮西《よしともしゃていちんぜい》八郎為朝、膂《りょ》力絶人《りょくぜつじん》……然《しこう》して海外に竄謫《ざんたく》す。走りて琉球に赴き、鬼神を駆役《くえき》して、創業主と為《な》る。厥《そ》の孫世々源氏に出でて、吾《わ》が附庸《ふよう》と為る也。一統志《いっとうし》に載せる所と同じからず、将《まさ》に信ずべき耶《か》、将に信ぜざるべき耶」と記している。

寿桂は、あくまでも小説つまり俗説としたうえで、為朝が海外（伊豆大島）に流された後に、琉球に渡って鬼神を駆使して創業の主となったのであるから、琉球の王は源氏の出であり、日本の附庸だということになる。しかし、これは中国の史書（『大明《だいみん》一統志』）とは異なるので、信用できるかどうか分からないとしている。どうみても、これは日本での噂にすぎず、これに寿桂は断定を控えている。そもそも為朝らしい人物が来たという沖縄における伝承と、為朝が鬼島の鬼神を従えたので琉球の創業主になったという日本の俗説とは、元来が別物であったと考えるべきだろう。

これに関しては、慶長八～一一（一六〇三～〇六）年の間、那覇に滞在した浄土僧・袋中良定の『琉球神道記』にも、興味深い記事がある。まずは先に述べたように、為朝は沖縄本島北部の良港である今帰仁の運天に上陸したとされるが（本書七〇頁参照）、これは和人が運天に来たという話が、為朝という英雄伝説に重なるかたちで沖縄に広まったものだろう。しかし巻五「洋《おき》の権現の事」に「愚案ずるに、為友（為朝）、此国を治《おさめ》らる時、鬼神降伏《ごうぶく》の神たる故に、念願ありて立《たつ》る歟《か》」と記したように、為朝が鬼神を降伏させて自らが王となったとするのは、寿桂が聞いた小説と同じく日本側のストーリーによるものと考えねばならない。

「他国の人」支配の記憶

むしろ、それ以上に同書で注目すべきは、巻五「キンマモンの事」にある「諺《げん》に云く、昔、他国の人来て、此国を治む。国に鬼類多し」という記述で、沖縄の伝承のなかに、かつて外来の人間が国を治めたという認識があったことになる。ところが、その後、この「他国の人」をそのまま日本人である為朝だと理解したところに袋中の問題がある。あくまでも沖縄からみた「他国」だったので、袋中は諺のままに書き留めたと解釈するのが妥当と思われる。

ここで想起すべきは、浦添ようどれの英祖王墓に納められた人骨の南方的DNAと中世ヤマト人的形質の存在である（本書八三頁参照）。「他国の人」とは南中国系の人々であったかもしれず、和人であったかもしれないが、この俚諺《りげん》は沖縄の人々の間に、かつて「他国の人」に支配されたという記憶が残存していたことを示すものと考えるべきだろう。

つまり日本では、為朝が鬼島に渡って鬼を従えたという話が、やがて琉球へ行って統治し王になったことへと発展した。また沖縄では、グスク時代への移行期から多くの和人が来琉したが、和人からの話を聞き、そのなかには為朝らしい人物がいたと信ずるようになった。それとともに、かつて「他国の人」が国を治めていたという記憶が伝えられていた。

おそらく中世末期に、こうした記憶と伝承が複雑に絡み合うなかで、ヤマトの五山僧や修験者などの知識人によって、近世の沖縄に為朝の中山王朝始祖伝説が浸透していくための基礎伝承が流布されていたものと思われる。ただ為朝が中山王朝の始祖であるという伝説の細部が、近世初頭の段階で完成していたわけではなかった。

近世前期に義経渡海説を俗伝として紹介した『続本朝通鑑』では、巻六一に為朝は伊豆大島で自害したとしながらも、「或は曰く」として八丈から鬼界を経て琉球へ行き、島神として祀られているという割注を付している。また義経渡海説に近い『大日本史』では、為朝渡琉説は完全に無視されている。さらに義経渡海説を採る『和漢三才図会』も、「琉球」の項で、「相伝う」として、為朝が大島から琉球へ行き魑魅《ちみ》を退治して人々を安んじたので、為朝は「舜天太神宮」として祀られているとしている。ちなみに同書の伊豆大島「為朝社」の項では、「一説に云」として「彼の島(琉球)において主となる」としている。しかし為朝中山王祖説が、この段階においても日本で明確に語られたとする史料は存在しない。

琉球王国と島津氏

ここで琉球王国史をふり返れば、尚巴志は一四二九(永享元)年に統一を果たして琉球中山王朝(第一尚氏王統)を築いたが、第七代の尚徳の死後、尚泰久に仕えていた金丸が実権を握って、一四七〇(尚円元)年、新たに第二尚氏王統を樹立し尚円王となった。尚姓を継いだのは、中国からの冊封をそのまま継続するための手立てであった。そして第二尚氏三代の尚真王の時代に、按司の王府集住や神女組織の再編などを行い強力な中央集権国家体制を構築して、先に服従させておいた奄美諸島に加え、先島を征討し王国の版図を広げて、国家の全盛を誇った。

もともと第一尚氏時代には、海禁政策で自国の交易活動を封じてしまった明に代わって、東南アジアを中心に、明への進貢貿易を軸に大規模な交易活動を展開した。第一尚氏の尚泰久が、治世五年目の一四五八年に鋳造した「万国津梁の鐘《ばんこくしんりょう》」(図Ⅱ-3)は、その象徴ともいうべきもので、シャムやマラッカ・スンダなど東南アジア諸国、まさに万国との中継貿易に力を入れ、貿易立国としての繁栄の基礎を築いた。その後、進貢回数は減らされ、往時には劣るものの、海洋国家であった琉球王国がもたらす海外の富は、戦国期における日本の諸勢力にとっても大きな魅力であった。

図Ⅱ-3　万国津梁の鐘（沖縄県立博物館・美術館所蔵）

一五世紀初頭から、室町幕府は琉球王国と正式な交流を行っていたが、やがて応《おう》仁《にん》・文明の乱（一四六七〜七七）後には、細川氏や大内氏も交易に関わったほか、堺の商人たちも盛んに琉球に進出していた。なかでも日琉交易に深く関与していたのが、地理的にもっとも近い薩摩の島津氏で、とくに一六世紀に入ると、その独占を図って、琉球に対する影響力を強めていった。

永正《えいしょう》一三（一五一六）年に島津氏は、幕府の命で坊津に来た備中連島《びっちゅうつらじま》（岡山県倉敷市）の三宅国秀《みやけくにひで》を誅殺し、その理由を細川氏や堺商人と関係の深い三宅氏が琉球遠征を企てたためだと琉球に伝えた。そして天文三（一五三四）年には、大内氏に近い村上水軍の今岡通詮《いまおかみちあき》が琉球への渡航協力を島津氏に求めた際に、今岡氏は三宅氏の党類で琉球征討を企んでいたので、これを島津氏が阻止したと琉球に伝えている。これらはともに島津氏が、日本と琉球間における自らの立場を有利にするため、幕府や細川氏・大内氏に代わる存在として琉球側に認知させようとしたものだと考えられている（田中健夫『対外関係と文化交流』）。

また、もともと室町将軍の代替わりには、琉球王府から正式な通交船である綾船《あやふね》(文船)が来航していたが、永禄《えいろく》二(一五五九)年には、島津氏の家督祝賀のために綾船が派遣され、島津氏発給の印判状のない船には貿易制限が加えられるようになる(黒嶋敏「印判・あや船」)。こうして島津氏は、しだいに琉球への影響力を強めていくが、たとえば永禄二年卯月《うづき》九日の琉球国王宛の島津貴久《たかひさ》書状(琉球薩摩往復文書案、『那覇市史　資料編』一)に「隣国之修好」とあるように、琉球王国と薩摩との関係は本来的に対等なものであった。

島津氏の優勢と日本商人

しかし元亀《げんき》元(一五七〇)年頃から、綾船の問題などで島津氏は威圧的な態度に出て、両者の間に対抗関係が生じ始めた(喜舎場一隆『近世薩琉関係史の研究』)。折しも全国統一を目前にしていた豊臣秀吉は、天正《てんしょう》一〇(一五八二)年、因幡《いなば》の鹿野《しかの》城主・亀井《かめい》茲矩《これのり》の、ゆくゆくは琉球を給わりたいという希望を承け、彼に「琉球守《りゅうきゅうのかみ》」の称号を与えた。そして同一八(一五九〇)年に全国統一が実現すると、秀吉は茲矩の琉球遠征計画を一旦は許したが、これは朝鮮出兵との関係で中止を余儀なくされた。

これより前の同一五年、秀吉が九州を平定すると、島津氏は秀吉の支配下に入った。そして島津氏は秀吉に働きかけ、これまでの対琉球関係における独占的地位の公認を求めた。その結果、同二〇(一五九二)年に琉球は島津氏の与力《よりき》とみなされ、秀吉と茲矩との約束は反故とされた。これによって島津氏の琉球に対する軍事指揮権が公認され、琉球には明侵略の軍役が課されたのである(紙屋敦之『幕藩制国家の琉球支配』)。なお同年八月二一日の中山王宛の島津義久《よしひさ》書状(琉球薩摩往復文書案、同前)で、秀吉が後北条《ごほうじょう》氏を滅ぼして全国統一がなったので、その祝儀として琉球に綾船の来航を催促しており、これが実行に移されている。

ちなみに、正徳二(一七一二)年に書写された『定西法師伝《じょうさいほうし》』は、天正期に琉球に渡って巨利を得たという僧・定西の昔語りで、当時の那覇における中国・南蛮貿易の繁昌ぶりと日本商人の活躍の様相が描かれている。同書によれば、那覇には日本人ばかりの居屋が二、三〇〇軒あり、日本人向けの宿もあって、九州・中国・五畿内・大坂・関東・奥州などの者が訪ねてきていたという。

ただ日本人の居屋については、その別本の『定西琉球物語』(『南島研究』二七)では、二、三軒としている。しかし高利益を生む琉球の中継貿易は非常に盛んで、すでに一五世紀中期に久米《くめ》村の家屋が朝鮮人のものも含めて一〇〇余軒あったとされており(豊見山和行「琉球・沖縄史の世界」)、一六世紀末期にはかなりの数の日本商人が琉球にいたとすべきだろう。なお同書の「(注・琉球には)日本の猿楽の能も三十番程あり、数寄屋《すきや》を構え、茶の湯をもしたり」という記述からは、日琉の密接な関係が窺われる。

薩摩の琉球侵攻

ところで薩摩は近世に、いわゆる「嘉吉附庸説《かきつふようせつ》」を唱え、室町将軍・足利義教《よしのり》の命で島津忠国《ただくに》が日向に落ち延びていた大覚寺尊宥《だいかくじそんゆう》(義教の弟・義昭《ぎしょう》)を討伐した功によって、嘉吉三(一四四三)年に琉球国が島津氏に付与されたと主張している。しかし中世にこれを明証する史料はなく、この説は、天正二〇(一五九二)年に秀吉が琉球を島津氏の与力としたことを根拠とするもので、薩摩の琉球侵攻以降に提唱されたにすぎない。

先にもみたように、もともと琉球と薩摩は、あくまでも対等の関係にあったが、琉球を臣下と位置づけていた室町幕府から、島津氏が琉球附庸を認められたとすれば、薩摩の優位性が強調されることになる。そこに薩摩の与力＝附庸説を嘉吉段階までさかのぼらせる必要があったとされている。つまり薩摩の軍事侵略に際して、琉球という異国を幕藩体制下に組み込むことを正当化する論理として利用されたという。

そもそも江戸幕府と琉球との関係の背後には、秀吉が行った朝鮮侵略ひいては明への侵攻計画問題の解決という対明政策上の課題があった。徳川家康は、慶長七(一六〇二)年に陸奥の伊達《だて》領に漂着した琉球人を、島津氏を通じて琉球に送還し、中山王に来聘《らいへい》を要求していた。日明国交の復活に、琉球との交流が不可欠だと考えていた家康は、もともと琉球の服従を企図していたのである。

これを警戒していた中山王尚寧《しょうねい》は、一六〇六年に冊封使の来琉を控えていたこともあって、来聘に応じなかった。この問題の解決に幕府が松浦氏や長崎奉行などを動員しようとしていたこともあり、対琉球関係の窓口の多様化を怖れた島津氏は、「嘉吉附庸説」を背景に、琉球に対する軍事力行使によって、一気に優位に立つことを選択したと考えられている（紙屋前掲）。

そして慶長一一（一六〇六）年、島津家久《いえひさ》は来聘問題を理由に家康から琉球出兵の許可を得て、三年後の同一四年三月四日、樺山久高《かばやまひさたか》を総大将とし、総勢兵三〇〇〇・船八〇艘余を薩摩の山《やま》川《がわ》港から出航させ琉球侵攻に赴かせた。三月七日には奄美大島を制圧して、徳之島・沖永良部島を攻略した後、二五日には運天を眼前とする古宇利《こうり》島に上陸した。さらに二九日、運天港を出て本島中部の大湾《おおわん》渡口《とぐち》（読谷村）に入り、陸・海の二手に分かれて那覇・首里に向け進撃を開始し、多くの民家や御殿・寺院を焼き払った。国内や朝鮮での多くの戦闘に勝利を収めてきた島津軍の前に、武器の乏しい琉球軍は圧倒され、四月五日に首里城を占領された。そして中山王尚寧は、五月一五日には一〇〇余人の供を連れ、島津軍とともに薩摩に向けて那覇港を離れたのである（上里隆史「島津軍侵攻と琉球の対応」）。

侵攻時の為朝伝説

こうした琉球侵攻の正当化と兵士の鼓舞に利用されたのが、為朝伝説であった。島津氏に仕えて明や琉球との外交文書作成にあたった五山僧・南浦《なんぽ》文之《ぶんし》の『南浦文集』に収められた「討琉球詩序《りゅうきゅうをうつしじょ》」では、薩摩の琉球侵攻を次のように述べている。

> 日本人王五十六代清和天王……八世孫義朝《よしとも》公令弟《れいてい》為朝公鎮西《ちんぜい》将軍為《た》るの日《ひ》、千鈞《せんきん》の強弩《ごうど》を扶桑《ふそう》に掛く。而《しこうし》て其の威武《いぶ》塞垣《さいえん》の草木に偃《のべふ》す。是の故に遠く海を航《わた》して、嶋峙《とうじ》を征伐す。斯《かく》の時に於いて也、舟潮流に随《したがい》て、海中に一嶋を求む。以て故に始《はじめ》て流求と名づく。為朝嶋上に巣居穴処《そうきょけっしょ》する者を見るに、頗《すこぶ》る人の形に似ると雖も、而て一角を右の鬂《きょう》の上に戴き、所謂《いわゆる》鬼怪《きかい》の者乎《か》。為朝征伐の後、其の孫子有り、世に嶋之主君と為す。固く石塁《せきるい》を築き、其の上を家とす。因《よっ》て鬼怪の容貌を効《いた》す。右の鬂の上に髻《もとどり》を結ぶ。今に至りても風俗異ならず。……酋長《しゅうちょう》の祖誰ぞということを知らず。昔大明皇帝に朝す。皇帝之に衣冠《いかん》を賜り、且つ爵位を錫《たま》う。爾来《じらい》中山王と世称す。

為朝伝説に関する先の『幻雲文集』に続く古い史料ではあるが、ここでは保元の乱後ではなく、為朝が九州にいた時の話となっている。そして為朝が討伐したのは「鬼怪」のような集団で、その子孫が王となり、祖先は明らかではないが、やがて明からの冊封を受けて中山王となったとしている。あくまでも中山王になったのは「鬼怪」の子孫で、そこに琉球を野蛮国として征討に価する対象だとする論理構造が組み込まれている。

これは、まさに為朝の鬼島征伐譚を前提とした記述ではあるが、ここでも為朝を中山王祖とする伝承にはいたっていない点に注目すべきだろう（渡辺匡一「為朝渡琉譚のゆくえ」）。この引用部分の後には、その後中山王は、数十年前に島津氏の「附庸之国」になったことを強調して、この間に無礼な対応があったとする文章が続く。沖縄は、かつてヤマトに征服された地で、遅れた「鬼怪」が住む無礼な島だとして、侵攻する薩摩兵士の士気の鼓舞に役立てたと考えるべきだろう。

さらに九州と関係が深く朝鮮外交の窓口でもあった五山僧・景轍玄蘇《けいてつげんそ》が家康に献じたという『八島之記《はちとうのき》』にも為朝伝説が留められている。現在、同書は伝本しないが、為朝に関しては、『慶長見聞録案紙』や伴信友の『中外経緯伝』に収められた逸文から、ある程度の内容を窺うことができる。ここでも為朝の来琉は九州在住時のこととされているが、記述には琉球国と貴海《きかい》国との混同が著しく、そこに渡って、その国王の婿になって子孫もあるとしている。また『吾妻鏡』に登場する阿多忠景や天野藤内《あまのとうない》などに強引に結びつけようとする傾向が強い。

なお『八島之記』には、一六世紀に那智《なち》から補陀落《ふだらく》渡海して琉球に漂着し、そこで仏法を広めた真言僧・日種《にっしゅう》(日秀)上人の逸話が収められており、彼のもとに為朝の子孫が来て、日本人だということで尊崇を集めたとしている。いずれにしても南浦文之や景轍玄蘇は、為朝もしくは子孫が琉球の王になったと明記しているわけではない。確実に為朝が琉球を治めたとするのは『琉球神道記』のみで、『南浦文集』や『八島之記』では、そのことが強調されているわけではなく、先にみたように『幻雲文集』も断定は避けている。

いずれも為朝が来琉して「鬼怪」を退治し武力を誇ったとしているが、必ずしも琉球中山王朝の始祖となっているわけではない。先の『定西琉球物語』も「氏神の社は鎮西八郎為朝祝《まつり》たり。今に為朝の弓矢社にあり」と記すだけであり、寛永末（一六四四）年頃成立の『本朝神社考』下の「為朝祠」にも、為朝が八丈島から鬼界へ行き琉球の島々に渡って「今に到りて社を立て之を祭る。島の神と曰う」とあるのみで、薩摩侵攻時における為朝中山王祖説には揺れ幅が大きく、まだヤマトにおいても定型化されていなかったと考えるべきだろう。

2　為朝中山王祖説はなぜ生まれたか

薩摩の琉球支配

慶長一四（一六〇九）年の琉球侵攻後、薩摩は尚寧王を駿府《すんぷ》で家康に会わせ、江戸で将軍・秀忠《ひでただ》に面会させた。そして琉球の政治的処置を委ねられると、まずは尚寧王の不在中に沖縄諸島と先島諸島の主な島々で検地を実施し、同一五年に奄美五島を含む琉球の石高を一一万三〇四一石余と打ち出した。さらに寛永元(一六二四)年には、大島五島の割譲を琉球王朝に迫り、うち二万三九五五石余を薩摩藩直轄地として認めさせ、残る琉球の石高八万九〇八六石余から五万石を王の御蔵入分《おくらいり》とし、それ以外を家臣に配分せよとして、尚寧王を薩摩藩の家臣に位置づけた(上原兼善「島津氏の琉球征服の意義とその後の中国・日本との関係」)。

ただ当初の年貢は芭蕉布《ばしょうふ》などの特産物で、後に石高に応じた銀納・米納となり、その一部を黒糖やウコンなどで代納させていた。さらに鹿児島・琉球間の海上輸送に関しても、薩摩藩の認可を受けた民間の大和船がほぼ占有するようになった。

また政治的な支配システムとしては、鹿児島に琉球仮屋《かりや》を設け、那覇の薩摩仮屋に在番奉行をおいて直接監視体制を敷いたほか、法的支配においても薩摩からの規制を強く働かせた。侵攻直後の慶長一六(一六一一)年には、まず薩摩は琉球に対して一五カ条の掟を発布し、対明貿易において薩摩の注文品以外の交易を認めないことや、由緒ある人物といえども役に立たなければ知行を与えないこと、さらには年貢や公物は薩摩の奉行の指示に従うべきことなど、琉球王府秩序の再編を強く命じている(旧記雑録後編四:八六〇、『鹿児島県史料』、以下同)。

これと同時に、尚寧王は薩摩が制定した法令に決して違反しない旨の起請文《きしょうもん》を提出させられており(同前八六二)、以後も琉球国王や王府高官は薩摩に服従するよう誓約させられたほか、彼らの一部が人質に取られた。そして王府の裁判権に対しては、いちおうは認めたものの事案によっては介入するケースもあった。

つまり法的な問題においても、琉球王府は薩摩への「お伺い」が前提とされていた。当初、薩摩は琉球王府に対して全面的な服従体制を強いていたものの、徐々に緩和された部分もあり、王府も巧みに対応していったが、問題となる政治状況が生じれば、即座に介入するというスタンスがとられたのである。

「唐・大和の御取り合い」

いっぽう明との冊封関係においては、薩摩の侵攻が知られると、それまでの二年一貢を一〇年一貢と改められたが、尚豊《しょうほう》一三(一六三三)年の尚豊冊封後に旧に復した。そして尚賢《しょうけん》四(一六四四)年、明清交替が起こると、尚質《しょうしつ》二(一六四九)年に尚質王が服属の意を表し、同七年には冊封使を受け容れて清との国交が成立をみた。こうして琉球は二重の外交関係を維持しなければならなかったが、日本は「薩摩の附庸」を強調しつつも、対外的には朝鮮と同様に「通信の国」として接しており、中国もまた「属国」としながらも、琉球の危機を見逃し薩摩の実質的な支配を黙認していたという事情があった。ただ琉球側からすれば、「唐・大和の御取り合い」つまり双方との交際・交易を外交の基本とする必要があったので、両国の支配を受けて従属的な二重朝貢を強いられたことになる。

さらに、それまでは使者を迎えての冊封儀礼における王号の授与の後、謝恩使が派遣されることで、新たな琉球王と認められていた。しかし侵攻後は、新王の候補者は薩摩藩主へ許可を要請し、それがさらに幕府へと具申され、その回答を承けたかたちで、王位の承認が琉球へ通達されるようになった。そのうえで琉球は改めて中国へ冊封の要請を行うことになり、従来の冊封関係に薩摩が割り込んだかたちとなった。実際に、琉球における新王の決定が覆されたことはなく、実質的な王位継承権は琉球側にあったが、形式的には幕府・薩摩というヤマトの上位権力の承認が必要とされたのである（豊見山和行『琉球王国の外交と王権』）。

こうして幕藩体制的秩序に組み込まれた琉球王国は、あたかも冊封儀礼のように、将軍の代替わりごとに慶賀《けいが》使を、琉球国王が替わるたびに謝恩使を、寛永一一（一六三四）年から江戸の将軍のもとに派遣した（ただし、第一回目だけは京都二条城まで）。この使節は、もともとは琉球側からの薩摩島津氏への訪問で、幕府への派遣ではなかった。しかし島津氏の意図で、幕府への公式行事に変更させられた。すでに寛永三（一六二六）年、島津家久は、後水尾《ごみずのお》天皇の二条城行幸に際して、琉球に使節と楽童子《がくどうじ》の派遣を強請し、これを従えて家光に供奉《ぐぶ》しているほか、同七年の薩摩藩邸への将軍御成の時にも、使節と楽童子を参府させている（上原兼善『幕藩制形成期の琉球支配』）。

さらに正保元(一六四四)年・慶安《けいあん》二(一六四九)年・承応《じょうおう》二(一六五三)年には、朝鮮使節の事例にならい、島津氏の主導によって琉球使節の日光への参詣が行われた。以後、日光参詣は上野寛永《かんえい》寺の東照宮参拝に変わるが、琉球使節の来訪は、最終的に嘉永三(一八五〇)年まで続き、二〇〇年余にわたって計一八回行われた。

そして薩摩は明への配慮から、琉球に対し風俗面においても、都合のよい統制を加えている。はじめ薩摩は、先にみたように、侵攻直後に琉球王府に与えた掟では、旧来の秩序再編を企図していた。さらに慶長一八(一六一三)年六月朔日の「御掟之条々」においても、「琉球之様子昔之風体《ふうてい》に罷《まか》り成《なら》ざる様」に遣使して指導するとしたほか(旧記雑録後編四：一〇一六)、同年九月一五日の「覚」でも「諸式日本に相替らざる様に、法度成せらるべき事」として(同前一〇四六)、日本同化策を推進している。

しかし、こうした琉球の日本化を進める方針は、対明関係のうえでは、日明貿易の再開を望む幕府と薩摩にとっての障害となるため、琉球の自主化を認めざるを得なかった。このため元和二(一六一六)年三月二一日付の中山王宛「島津家久書状」に「其国政道之儀、使節を以て申し定むる趣皆同懐之由、国家長久之基為《た》るべからざるや」と記したように(同前一三三九)、必ずしも従来の薩摩の指導が琉球にとっての利とはならないとして、日本同化策の方針を転換している。

そして寛永元(一六二四)年八月二〇日の「定」では、対琉球政策を緩和すると同時に「日本名を付け日本支度仕候者、かたく停止為《たる》べき事」として日本風俗への同化を禁じている(同前一八五五)。こうしたことが功を奏して、先に記したように明への進貢が二年一貢に復した。しかし明への朝貢が確定し、琉球の石高が正式に島津氏に加増された寛永一一(一六三四)年以降において、薩摩は琉球支配を正当化し、その王位に「琉球国司」号を強制したのである(紙屋前掲)。

向象賢の政治改革

いずれにしても従属的な二重朝貢を強いられた琉球王府としては、財政的にも厳しい状況に追い込まれていた。明・清への進貢貿易は利益をもたらしたが、冊封使への対応や進貢使を送る費用も必要とした。それ以上に薩摩への年貢上納には厳しいものがあり、負担額一万二〇〇〇石は、琉球王府徴収額のおよそ半分を占めるが、これは黒砂糖・ウコンが除かれた額であったし、さらには在番奉行への接待費も必要であった(豊見山前掲)。しかも琉球王府の役人たちには不正が横行し、百姓に対して法外の負担をかけ中間搾取が行われていたほか、慣例的な虚礼の負担も少なくなかった。

そうしたなかで琉球王府の政治改革にあたり、古琉球から近世琉球への展開を実現したのが、きわめてリアリスティックな政治家であった羽地朝秀《はねじちょうしゅう》つまり向象賢《しょうじょうけん》である。彼は、若い頃から鹿児島に留学してヤマトの文化に親しみ、学問や政治制度などを学んできて、尚質三（一六五〇）年には王命で行われた琉球最初の史書『中山世鑑』の編纂にもあたった。そして薩摩の支持を受けて同一九（一六六六）年に摂政に就任すると、まず間切と村を再編成して徴税制度を改革し、さらに虚礼を廃して無駄な財政支出を抑え、古い伝統行事を改めるとともに、風紀を粛正して役人の不正を取り締まり農村の復興を図って、諸芸の奨励にも努めたほか、新田開発を含む農業の振興を行うなどさまざまな改革を実施した。

向象賢の「日琉同祖論」

向象賢が布達した法令は「羽地仕置《はねじしおき》」として残っており（『沖縄県史料』前近代一）、そのなかに興味深い文書がある。尚貞《しょうてい》五（一六七三）年と推定される三月一〇日付の「当春久高島知念《くだかじまちねん》へ祭礼年に付国司被参筈《まいらるはず》に而《て》候《そうろう》故愚意了簡之所及申入候《ゆえぐいりょうけんのところもうしいれにおよびそうろう》」には、次のような認識が示されている。

此国の人生初者《じんせいのはじめは》、日本より渡り為る儀、疑い御座無《ござな》く候、然者《しかれば》、末世《まっせ》之今に天地山川《てんちさんせん》五形五倫《ごぎょうごりん》、鳥獣草木之名に至る迄、皆通達せり、然りと雖も言葉《ことば》之余相違者《のほかのそういは》、遠国《おんごく》之上久《うえひさ》

右祭礼は何方《いずかた》に敷《し》く通融《つうゆう》の絶え為《せ》しむ故也、五穀《ごこく》も人と同時日本より渡為《わたらせ》しむ物なれば、而《て》仕られ候而も同事とぞんじ候事

すなわち琉球人は、日本から渡って来たもので、双方の文化は似ており言葉が少し違うのは、距離が離れて交渉が絶えたためだとし、五穀も日本から渡来したとしている。この一文は日琉同祖論の沖縄側における嚆矢《こうし》とみなされ、向象賢の日本寄りの政治路線の根底にあるとされてきたが、これについては文書名が示すように、あくまでも伝統行事の改革を意図した向象賢が、久高島・知念の祭礼を琉球古来の絶対的な信仰とみなすことへの批判のために用いたロジックであることが指摘されている(高良倉吉「向象賢の論理」)。

こうした日本認識の意味については次項で述べることとするが、総じて彼の改革は、農耕を基礎とする薩摩の年貢徴収策に適合的な政策であった。基本的には日本寄りの政治路線が採用されているが、諸芸の奨励のうちには、学問以外にも謡・庖丁・茶道・立花のほか筆法や唐楽《とうがく》が加えられるなど、日本的素養のみならず中国的素養にも眼が向けられており、中国との交流も重視されていた。日中両国との外交バランスを取りながら、現実的な改革を行って、古琉球的な政治的体質から近世琉球への転換を図り、琉球王国の復興に尽くした点に向象賢の大きな功績があった。

そして向象賢の政治路線を引き継ぎ、それを徹底させていったのが、久米村出身の蔡温《さいおん》であった。中国の系譜を引く久米村は、薩摩侵攻以後、疲弊の一途を辿ったが、蔡温は、その再興に尽力した蔡鐸《さいたく》の子として生まれ、中国へ二度派遣されている。また尚貞三三(一七〇一)年に蔡鐸が『中山世鑑』を部分的に修正して漢訳した『中山世譜』(蔡鐸本、沖縄県教育委員会)を作成し、これを蔡温が尚敬《しょうけい》一二(一七二四)年に『中山世譜』(蔡温本、『琉球史料叢書』四)として重訂している。そして同一六(一七二八)年に三司官となると、同二〇年には「御教条《ごきょうじょう》」(『沖縄県史料』前近代一)を発布して、広く人民に読み聞かせたり書写させたりしている。ここでは、まず琉球の立場と薩摩による支配の利得を述べ、人々が守るべき一般の道徳・礼儀を説いている。

さらに尚敬二二(一七三四)年には「農務帳」(『沖縄県史料』前近代六)を公布したうえで、農業技術の指導、治水・灌漑や山林造成を行ったほか、同二五年には検地を実施して地割《じわり》制度を徹底させるなど、向象賢の方針を承けて上からの農本主義的政策を積極的に推進したが、都市における商工業の展開をも図った。その政策は基本的に、薩摩の支配に応えた日本寄りのもので、生産力も安定して琉球王国の復興を果たすところとなった。

ただ向象賢から蔡温の時代には、いっぽうで久米村に創建された孔子廟《こうしびょう》の祭祀を王府の主宰とするなど、儒教イデオロギーの推進を図ったほか、風水思想の導入を積極的に行って中国化志向をも強めた。日本と中国という二つの国への従属の狭間で、独自な王国の展開を目指したと評価すべきだろう。

『中山世鑑』と為朝伝説

興味深いことに為朝中山王祖説は、最初に向象賢が、琉球王朝最初の正史『中山世鑑』で具体的に叙述した。ただし後に述べるように(本書一七八頁参照)、『中山世鑑』以前に「中山世系図」が存在し、これに象賢がよった可能性も否定できないが、この場合にも、舜天＝為朝の子説は、琉球側から提起されたことになる。沖縄における為朝伝説には、終章でも述べるように(本書二三六頁参照)、琉球王朝の影が色濃くつきまとう。いずれにしても象賢が意識的に為朝＝中山王祖説を正史として強調した点が重要であろう。もちろん和文で綴られた同書は、王朝の立場を擁護するという政治的な役割を負わされており、史料としての性格には問題が残ることにも留意しなければならない。

すでに述べたように(本書八〇頁参照)、『中山世鑑』は、最初に琉球を治めた神話的な天孫氏の後に、舜天尊敦が南宋淳熙《じゅんき》一四(一一八七)年に王統に就いたとし、これを日本の清和天皇の子孫である源為朝の子としたうえで、舜天の項目の三分の二以上を為朝の来琉以前の記述に費やしている。そして永万《えいまん》年間(一一六五〜六六)、為朝が琉球にいたると、人々は鎧を着し弓箭《きゅうせん》を帯びた日本人の勢に従うところとなり、為朝は大里按司の妹と通じて尊敦を生んだとしている。

しかし為朝は、妻子を浦添において日本に帰ってしまった。浦添の牧港(まきみなと/まちみなと)には、二人が為朝の帰りを待ったというテラブガマの伝承地があるが(図II-4)、やがて為朝の血を承けた尊敦は、人々に信頼されて浦添按司となった。

図II−4　牧港の(上)テラブガマと(下)その内部(浦添市, 著者撮影)

その天孫氏二五世の時に利勇《りゆう》という逆臣がおり、王を毒殺して中山王となり悪政を行ったので、尊敦自ら「日本人王五十六代(清和天皇)の後胤」で「鎮西八郎為朝の子」と名乗って利勇を退治し、舜天王統を開いたとしている。ちなみに舜天王統は三代で絶え、英祖王統・察度王統と続いて尚氏の王朝が成立するが、舜天は中山王としての初代に位置づけられている。

これが沖縄の為朝伝説であるが、グスク時代における日本人の南下を認識していた象賢は、日本の為朝伝説を承けて、日本から来た武士の一人を為朝とみなし、これを中山王朝の祖とするというストーリーを考案したのだろう。これについては、象賢は中山王の祖に日本の貴種である源氏の系統を汲む為朝を持ち込むことで、中山王朝全体の系譜的な権威づけを図ったと考えられている。さらに天孫氏という沖縄古来の王統を設定することで、沖縄の歴史を古いものと認識させつつ、これを他の英祖王統や察度王統の出自と関連させることで、王統系譜の貴種性を合理的に説明したとされている（田名真之「琉球王権の系譜意識と源為朝渡来伝承」）。

向象賢の苦心と工夫

こうした筋書の信憑性を高めるために、和漢の書に広く通じた象賢は、『保元物語』の「新院、為義を召さるる事」や「為朝生け捕り遠流に処せらるる事」などを下敷きとして、為朝の活躍ぶりを詳細に記した。しかし記事には、前後関係に矛盾も多く、怪しげな宣旨も引用されている。また一部ではあるが、日本の書物から文章をそのまま借用した部分もある。たとえば『中山世鑑』「琉球開闢《かいびゃく》之事」の「一人、陰陽和《いんようわ》合《ごう》は無《なけ》れども、居処《きょしょ》、並《ならぶ》が故に、往来の風を縁《えにしに》して、女神胎給《はらみたまう》、遂に三男二女をぞ、生給《うみたもう》」とした部分は、『琉球神道記』巻五「キンマモンの事」からの明らかな引用で、「女神胎給」以下が「女胎む。遂に三子を生ず」と異なるだけで、他は全くの同文となっている。

さらには先に引用した琉球にとって屈辱的であるはずの南浦文之の漢詩「討琉球詩序」からも部分的な借用を行っている(本書一四七頁参照)。『中山世鑑』「琉球国中山王世継総論」冒頭の天孫氏の記述に続く部分に「八世孫、為朝公、鎮西将軍為る之日、千鈞の強弩を扶桑に掛く。而て其の威武塞垣の草木に偃《のべふ》す」とある部分がそれで、「為朝公」にかかる「義朝公令弟」が省略されているだけである。また、これに続く同じ部分に「尊敦一角を右の鬢の上に戴き」とあるのも、「尊敦」の語を除けば「討琉球詩序」から同じ文章が使用されている(矢野美沙子「為朝伝説と中山王統」)。

この「一角を右の鬢の上に戴き」は、いわゆるカタガシラ(隻首・欹髻)のことで、これを文之は為朝が征伐した「鬼怪」の者の容相としたが、象賢は尊敦(舜天)のものとしている。そして尊敦が王位に就くと、真似て皆がカタガシラを結ったとする。いずれにしても象賢が『中山世鑑』を執筆するにあたって、『保元物語』『琉球神道記』『南浦文集』を参照していたことに疑いはないが、そのままの利用ではなく、彼なりの考証を加えて、自らストーリーを組み立てたのである。つまり中世末から近世初頭においては、為朝が琉球に来て鬼神を退治し力をふるって島を治めたとする話はあったが、具体的な王権に関わる伝説の細部については、ヤマトでは知られていなかった。それを象賢は、『中山世鑑』の執筆に際して、琉球の歴史に採り入れ、為朝を舜天王の父として中山王朝の始祖に位置づけたのである。

開闢神話の背景

ただし象賢は「討琉球詩序」の「為朝公鎮西将軍為るの日」の部分に関して、重要な考察を展開している。文之の理解では、為朝が鎮西将軍だった時に琉球に来たことになっているが、全く同じ文を用いながらも象賢は、引用部分を鎮西将軍だった時の為朝の威容を示すだけの修辞と限定的に理解し、為朝が琉球に来たのは、保元の乱で伊豆大島に流された後のことだと断定している。

象賢は、古活字本『保元物語』によって、為朝が鬼島に渡ったのは永万元(一一六五)年のことだと知っており、この頃を来琉の時期として、それから五年後の嘉応二(一一七〇)年に伊豆で工藤茂光の追討を受けて自害したというストーリーに合わせたのである。象賢は、日本の五山僧よりも緻密な論理で、為朝伝説を創り上げたのである。

ただ、ここで注意すべきは象賢の『中山世鑑』に対するスタンスの取り方である。先にみたように「羽地仕置」では、久高島・知念の祭礼を批判するために、「五穀も人と同時日本より渡為《わたらせ》しむ物」としながらも(本書一五六頁参照)、尚質三(一六五〇)年の『中山世鑑』「琉球開闢之事」では、「阿麻美久《あまみきよ》、天へのぼり五穀の種子を乞下り、麦粟菽黍《ばくぞくとうしょ》の数種をば、初て久高嶋にぞ蒔給《まきたま》う。稲をば、知念大川《ちねんうふがー》の後、又玉城《たまぐすく》をけみぞ(桶溝)にぞ芸給《うえ》う」と堂々と記している。政治的論理と神話的論理とを、かなり意図的に使い分けている。

しかも、ここではアマミキョが天界から伝えて植えたとしている点に注目すべきで、尚敬元(一七一三)年の『琉球国由来記』も同じ記述であるが、『中山世鑑』を重訂した同一二(一七二四)年の蔡温本『中山世譜』と、同三三(一七四五)年の『球陽《きゅうよう》』では、久高島に麦粟黍が、知念・玉城に稲が、それぞれ自生したものだとして、水平信仰を匂わせている。

琉球開闢から天孫氏にいたる神話の時代については、『中山世鑑』に書き留められたのを初出とするが、その原型となる物語の骨格は、長い間人々の間で語り継がれてきたものであろう。それゆえ五穀が栽植か自生かという違いも生じたと考えられるが、象賢がまとめ上げた『中山世鑑』と、それを漢訳したものに重訂を加えたとする蔡温の『中山世譜』の間には、重要な相異がある。あくまでも象賢が、天界からアマミキョによって伝えられたものを植えたと強調する部分は、アマテラスが高天原《たかまがはら》から稲種を伝えたとする垂直的な日本神話に近い。

また象賢は、アマミキョが最初に創ったところは本島最北端辺戸のアスモリ御嶽で、次が今帰仁のカナヒャブ御嶽、その次が知念森の斎場御嶽としているが、その背後には、五穀は人とともに日本から来たもので、「羽地仕置」の先に引用した前段に「知念・久高之祭礼開闢之初より有来たる儀に非ず、近比《ちかごろ》の人作」と記したような認識があった点に注目したい。古くから海洋資源に依存しニライカナイ的な水平信仰の強い沖縄における、太陽を抱く天界から伝えられたとする農耕的な垂直信仰の受容は、グスク文化の成立過程などを考慮すれば（本書七七〜八〇頁参照）、象賢の指摘するように、日本からの伝播によるものであったとすべきだろう。

しかし出自を中国系の久米村にもつ蔡温は、こうした部分に不満で、『中山世譜』においては、意図的に日本からの影響を取り除き、開闢・神話時代の沖縄を書き改めた。また『中山世譜』では、『中山世鑑』に較べて為朝に関する記述はきわめて簡潔で、彼を権威づけるような文章は省かれている。つまり蔡温よりも象賢は、かなり強い態度で、日本との関係を強調する政治的なロジックとして日琉同祖論を利用しようとしていたことが窺われる。

こうして象賢は『中山世鑑』で、旧来の琉球の開闢と神話について、自らの観点で整理し、苦心惨憺の末、日本人の為朝を中山王朝の始祖の父と位置づけた。ただ、その背景には、現実的な政治家として、源氏の血を引くという薩摩と折り合いをつけていくための思惑があったと考えることができよう。

3　琉球使節と『椿説弓張月』

琉球使節を見る人々

先に琉球使節派遣のいきさつについて述べたが（本書一五二頁参照）、この二〇〇年余の間に計一八回におよんだ琉球からの江戸立ちが、日本の人々の琉球認識に、どのような影響を与えたかを考えてみたい。

まず使節の出で立ちからすれば、琉球では中国との冊封関係から、儀式上の正装は中国風であった。これは古琉球以来の伝統であり薩摩の指示ではなかったが、その儀仗や献上品については、見栄えを良くせよという要求が薩摩から強要されており、使節の江戸立ち自体は薩摩の主導によるものであった（豊見山和行「「江戸上り」から「江戸立ち」へ」）。

これは迎える幕府の立場からすれば、琉球は薩摩の支配を受けており、中山王は島津氏の重臣にすぎなかったから、名目的には朝鮮と同じ「通信の国」としながらも、使節への応接に関しては明らかな格差を設け、琉球を対等ではなく属国・朝貢の国として扱っていた（ロナルド・トビ『近世日本の国家形成と外交』）。しかし中国風の出で立ちで江戸へ向かう琉球使節の行列は、一般の人々に好奇をもって迎えられ、幕府の権威を可視的に誇示しうる絶好の機会でもあるから、薩摩は琉球使節に細かな指示を与えて、その異国ぶりを演出したのである。

そして何よりも使節の来日は、日琉間のさまざまな文化交流をもたらした。もともと中世から、ヤマトの芸能が琉球で受容されていたが（本書一四四頁参照）、江戸城などの宴席では、琉球の楽士や楽童子が中国や琉球の歌舞音曲を披露し、書画や茶碗などが贈られた。また能などの芸能が演じられたほか、それぞれに漢詩や和歌を作って交換し囲碁の対局も行われたという。さらに近世後期の小山田与清《おやまだともきよ》の随筆『松屋筆記《まつのやひっき》』巻一一二―一二一は、先祖の記録によれば、慶長一四(一六〇九)年に尚寧王が上京した際、その小姓の髪型が評判となり、これを江戸の女たちが真似て、広い帯で広元結いとしその端を曲げるのが流行し始めたとしている。

いずれにしても、しばしば訪れる使節を通じて、しだいに人々は異国としての琉球に深い関心を抱くようになる。とくに第七回の宝永七(一七一〇)年の使節来訪の翌々年には、先にみた『定西法師伝』が新井白石夫人の弟・日下部景衡《くさかべかげひら》によって書写されているほか、これを下敷きとして、この時の使節行列の図を添えた『琉球うみすずめ』が刊行されている(『専修人文論集』六)。袋中の『琉球神道記』の初刊は慶安元(一六四八)年のことで、第二回使節来訪の四年後にあたるが、専門的な同書に較べて読みやすく図入りの『琉球うみすずめ』の刊行は、明らかに使節到来を機に売れ行きをねらった便乗商法であろう。

さらに荻生徂徠《おぎゅうそらい》は、この時の使節登城の様子を『琉球国聘使録《へいし》』に詳細に記した。その末尾で、琉歌二首を引き「皆万葉集中の者に似る」と結んで、日琉の類似性を指摘している。また新井白石には享保四(一七一九)年に『南島志』の著作があるが、その執筆にあたっては、この時の使節と第八回の正徳四(一七一四)年の使節と直接面談して得た知識を、最大限に活用している。そして享保三(一七一八)年の第九回使節来訪後、尚敬七(一七一八)年に冊封副使として琉球を訪れた徐葆光《じょほこう》の『中山伝信録』が、元文五（一七四〇）年以降に輸入されるようになり、その後、明和三（一七六六）年と天保一一（一八四〇）年に『重刻中山伝信録』が和刻されるにいたって、詳しい琉球情報の入手が容易になった。

図Ⅱ-5　天の岩屋とも言われるクマヤー洞窟（伊平屋島，著者撮影）

高まる琉球ブーム

とくに寛延《かんえん》元（一七四八）年の第一〇回使節以降は、行列図など複数の琉球物が使節の渡来年度ごとに刊行されるようになり、一八世紀後半になると、さらに琉球に対する興味が高まりをみせるようになった。天明元（一七八一）年に成った藤貞幹《とうていかん》の『衝口発《しょうこうはつ》』では、ホオリノミコトとトヨタマヒメが神武天皇の父であるウガヤフキアエズノミコトを生んだ海宮とは天孫嶽のある琉球の伊平屋《いへや》島だとする説が提起されているが（同島のクマヤー洞窟は天の岩屋だとする口碑がある、図Ⅱ-5参照）、これに本居宣長《もとおりのりなが》は『鉗狂人《けんきょうじん》』で強く反発し、舜天王が為朝の子だとする話を引き、天孫嶽とは為朝は皇孫の源氏だから天孫の後裔となるので、これを祀った地にすぎないだろうという激しい反論を行っている。ともに不充分ながらも琉球に関する知識を、自らの論理に組み込んでいる点が興味深い。

さらに寛政二(一七九〇)年には、桂林・森島中良の『琉球談』が、第一三回使節来訪に合わせて出版されている。これは明和版『重刻中山伝信録』から言語・風俗を中心にリライトしたものであったが、一般に親しみやすく寛政三・七・九年に版を重ねて好評を博した。なお為朝伝説については、『中山伝信録』に「舜天は日本人皇の後裔、大里按司朝公の男子也」とあるだけで、為朝とは明記されていなかった。そこで中良は、『中山世譜』を借覧し同書を引き「大里按司は為朝の舅なり。もしくは聟に官を譲りたるならんか」「「朝公」は、為朝の「為」を省きて称したるなるべし」として、舜天が為朝の子であることを強調する説を広めた。

その後も第一五回使節が訪れた文化三(一八〇六)年の翌年には、滝沢《たきざわ》馬琴《ばきん》の『椿説弓張月《ちんせつゆみはりづき》』が刊行され、爆発的な人気を博したが、これについては為朝伝説そのものと関係するので項を改めて論ずることとしたい。その大ヒットが天保三(一八三二)年の第一六回使節来訪の大規模な盛り上がりに繋がるところとなるが、この間の文政元(一八一八)年、九州遊歴中の頼山陽《らいさんよう》は、鹿児島の船中で琉球人に遭い、琉球では為朝を盛大に祀っているという話を聞いて、「鎮西八郎の歌」(『山陽詩鈔』)を作詞している。そのなかで「膂力《りょりょく》父(為朝)に類す好身手、賊を誅して国を有《たも》つ真天（舜天）王」と詠い、中国への冊封については、もし為朝が知ったら目を怒らせるであろうとしている。この表現には、琉球が日本の属国であるという意識が強く働いている。

そして天保三年には多くの行列図が発売されたほか、『椿説弓張月』の挿画を描いた葛飾北斎《かつしかほくさい》が、冊封使・周煌《しゅうこう》の『琉球国志略』に所載された「中山八景」をもとに、想像力を駆使して『琉球八景』を刊行している。このうち「長虹秋霽《ちょうこうしゅうせい》」など三枚には富士山までが書き込まれており、琉球は日本の一部だという印象を与える（図Ⅱ-6）。さらに大田南畝の『琉球年代記』をはじめ山崎美成《よししげ》『琉球入貢紀略』、米山子《べいざんし》『琉球奇譚』、屋代弘賢《やしろひろかた》『琉球状』などが刊行されたほか、名古屋の貸本屋大惣《だいそう》も『琉球画記』を出版している（『江戸期琉球物資料集覧』四）。

このうち専門的な考証を行った弘賢の書簡『琉球状』を除いては、すべて琉球は日本に朝貢する属国とし、為朝の子が舜天王である旨を強調している。とくに『琉球奇譚』は、琉球は礼儀も整わない夷狄の国で

図Ⅱ-6　葛飾北斎「長虹秋霽」（『琉球八景』浦添市美術館所蔵）

あったが、為朝が琉球に渡ったことで、「乱賊を討て民を安んじ、五常の道を教え、文武の法を喩《さと》せしより、日本の風俗となる」としている。なお弘賢の『琉球状』は、友人・桑山左衛門《くわやまさえもん》に宛てたもので、冒頭で桑山が琉球使節を見たことを羨ましく思い、自分も見たいが忙しくて見られず残念だと述べている。

知識人の間にも、琉球使節を見物したいという欲求が強くあり、先にも紹介した松浦静山は（本書一二八頁参照）、『甲子夜話』続編八八を『保辰琉聘録《ほしんりゅうへいろく》』と題した琉球論に宛てている。まず冒頭では、天保三（一八三二）年の使節参府を見物するために、わざわざ高輪の家宅を借り、市販の行列図を携え実物と見較べて、詳細な観察と記述を行っている。また『定西法師伝』『琉球談』『中山伝信録』『琉球国志略』のほか同年刊行の『中山聘使略』（『江戸期琉球物資料集覧』二）『琉球状』などにも眼を通して琉球に関する考察を展開しており、琉球に対する関心はきわめて高かった。

こうして天保三年には、庶民間でも知識人間でも、琉球ブームが一つのピークに達したが、その背景には異国でありながら属国でもある琉球に対する優越感が等しくあったとすべきだろう。なお最後となる第一八回の琉球使節時には、行列図など琉球に関する出版物が激減しているが、これについては天保の改革後のことで、出版統制によって琉球物の板行願いが認められなかったにすぎず、琉球への関心が低下したわけではないとされている（横山学「市中取締類集に見る琉球物板行願について」)。異国でありながら日本だという、人々の琉球への熱い眼差しは、一八世紀後半以降、急激に高まり、幕末まで衰えることなく明治維新を迎えるのである。

『椿説弓張月』の爆発的人気

文化四(一八〇七)年、曲亭《きょくてい》・滝沢馬琴は、為朝を主人公とした『椿説弓張月』前編に「鎮西八郎為朝外伝」の角書《つのがき》を付して刊行した後、翌五年に後編と続編、同七年に拾遺を続刊し、同八年の残編で完結させて全五編二八巻二九冊の大著とした。前編と後編は『保元物語』を下敷きにしつつ、日本での為朝の生い立ちや保元の乱での行動や伊豆大島流罪などを描いている。そして続編以降が琉球に渡ってからの為朝の活躍を主題とするもので、天孫氏の逆臣・利勇(本書一五九頁参照)や妖僧・曚雲《もううん》たちを、為朝の子・舜天丸《すてまる》とともに討ち、平和が訪れたところで為朝は生きながら神となって日本に戻る。そこで舜天丸は名を尊敦《たかあつ》と改め舜天王として即位し、その子孫が琉球王の位を嗣ぐことになるが、その頃、為朝らしい武士が崇徳院御陵の前で自害していたというところで物語は終わる。

この『椿説弓張月』は、折からの琉球ブームと相まって爆発的人気を博し、為朝中山王祖説を一気に日本社会へ広く浸透させる大きな役割を果たした。ただし本書は、一般庶民を読者層とする読本で、伝奇的な性格も強く物語としての面白さが優先されるため、史実そのままではありえず、因果応報的あるいは勧善懲悪的な展開となっている。本書前編の序において「保元物語に、為朝島に于《おいて》自殺の事を載せて、琉球へ渡るの説なし。彼説をなすもの、いまだ何に据《よる》ことを詳《つまびらか》にせず。今軍記の異説古老の伝話を合せ考、且狂言綺語《かつきょうげんきぎょ》をもてこれを綴る」と書き、中国の演義小説にならって奔放に記したとしている。

この物語の構想は、明末から清初にかけて成立した中国の『水滸後伝《すいここうでん》』によっている。同書は『水滸伝』の続編で、梁山泊《りょうざんぱく》の残党たちが、宋末の戦乱を逃れてシャムで活躍し、その一人である利俊《りしゅん》がシャム王朝を助けて、その王となるストーリーにヒントを得ている。つまり馬琴は、利俊を為朝にシャムを琉球に置き換えて、為朝を琉球の王祖とする伝説を美しい歴史小説に仕上げたのであるが、そこでは小説という体裁から、伝説自体も変形させられることになる。たとえば、伊豆大島における為朝の自殺は偽装で、脱出後に平清盛を追討せんと九州水俣《みなまた》(図II−7)を出たが、暴風に流されて琉球に入ったことにしている。さらに続編への布石として、為朝は保元の乱以前に琉球に赴いたという話が挿入されている。

そして最大の作為は、舜天丸を大里按司の妹の子とせず、阿曽忠国《あそただくに》(モデルは阿多忠景)の娘・白縫との間に日本で生まれたとしている点である。しかも舜天が助力する王の名前が尚寧王となっていることも興味深い。いうまでもなく尚寧は薩摩に拉致された中山王であり、その王統を守るために日本人が活躍したという筋立てとなる。このあたりの馬琴の寓意は、琉球の王統は純粋な日本人の流れを汲むというストーリーに仕立て上げたかったことにあろう。

　まさしく狂言綺語を用いて為朝伝説を飾ることで、痛快な小説世界を構築したが、その根底には当時の多くの日本人と同様に、琉球は日本の属国とする意識が働いていたとすべきだろう。いずれにしても一般庶民を読者対象とした『椿説弓張月』は、為朝伝説を伝奇的で壮大な歴史小説に仕立て上げたものであった。

図Ⅱ-7　九州・水俣の為朝神社.（上）津奈木為朝神社（熊本県津奈木町），（下）浜為朝神社（熊本県水俣市，いずれも著者撮影）

　ただいっぽうで馬琴は、琉球編も佳境に入った拾遺の序文では、「今弓張月の一書は、小説と云うと雖も、然も故実を引用し、悉《ことごと》く正史に遵《したが》い、並びに巧みに一事を借《か》り妄《みだ》りに一語を設け以て世人の惑を滋《おお》くせず。故に源あり委あり、徴すべく拠《よ》るべし」と記して、これは小説ではあるが、きちんと出典を引用して歴史書に従ったもので、勝手に創作を加えて人を惑わすものではなく、証拠となる文献に基づいていることを強調している。これは先の前編序文の「狂言綺語」云々と矛盾するようにみえるが、間違いなく馬琴の本心でもあった。先にみたように筋立てに多少の変形を加えつつも、その大筋は文献的な根拠に基づくもので、単なる絵空事ではないことを主張したかったのである。

新井白石に傾倒していた馬琴は、彼の『南島志』『琉球国事略』を愛読し、森島中良の『琉球談』にも眼を通していた。そのほかにも『椿説弓張月』を書くために、中国の典籍・日本の文学や史書・琉球関係の書籍など膨大な量の文献を読みこなした。それらの知識は、物語の構成のみならず細部の叙述にも存分に生かされているが、その考証が『椿説弓張月』の巻頭や巻末に付録的に加えられている。続編冒頭には「拾遺考証」として琉球の歴史が記されるほか、拾遺編付言に「金毘羅《こんぴら》名号并安井金毘羅之事」があり、崇徳院の霊を奉祀する金毘羅宮金光院に関して考察が加えられている。また全巻終了後にも「為朝神社并南嶋地名弁略」として全国の為朝神社と伊豆諸島および南海諸島の地名に関する論究があり、いずれにも多くの諸書が引かれている。

それゆえ正確な知識をもたない読者は、伝奇的なストーリーの展開部分を除けば、馬琴の描く世界が、あたかもすべて史実であるかのような錯覚を覚えたに違いなかろう。そして『椿説弓張月』は大ヒットを飛ばし、改版が二回行われたほか、嘉永四(一八五一)年からは楽亭西馬《らくていさいば》によってダイジェスト版の合巻本『弓張月春《はるの》廼宵栄《ゆうばえ》』の刊行も始まっており、かなり多くの人々に親しまれた。さらに当時の読本としては珍しく、これが浄瑠璃・歌舞伎に採られて上演され、大人気を博した。また、これに合わせて天保六(一八三五)年には宮田《みやた》南北《なんぼく》が、『為朝外伝鎮西琉球記』(『絵本琉球軍記』)と題して、為朝の話を枕に、絵入りで薩摩藩の琉球侵略をテーマとした琉球軍記物の出版を開始している。こうして為朝伝説のみならず、琉球と日本に関する知識や情報が広く民衆のものとなり、為朝という日本人が琉球王統の祖となったという話も、ここで人々の脳裏に深く刻み込まれたのである。

4　知識人たちの南北認識

新井白石の「北倭・南倭」

享和《きょうわ》三(一八〇三)年刊の『我宿草《わがやどくさ》』は、『太田道灌《どうかん》自記』などとも呼ばれ、道灌に仮託した著者未詳の著であるが、巻中に「世につたうる事にあやまり多し。為朝、大島にて討れ、義経、衣川にて討れたりと云はいつわりなり。為朝はうるま(沖縄)へ渡り、義経は蝦夷へ落し事もしるく明らけし」とある。近世の知識人たちの間では、義経や為朝の自害を史実ではないとする常識のようなものが広まっていた。

そして寛政二～三（一七九〇～九一）年の写本である『漂流雑記』（国立公文書館蔵本）には、巻末に「今の大清の王は代々長寿にして其先源義経の玄孫と云々。琉球国王も源為朝の子孫と云こと、上古を引て爰に書す」とあり、義経伝説と為朝伝説に関するメモ風の書込みがなされている。同書の筆者は不明であるが、近世を通じての漂流記を集めたもので、海外の知識や情報に関心のある知識人であったことに疑いはない。同書は、先にみた寛永年間に越前新保の者が北京で義経の画像を見たという『韃靼漂流記』を含むもので（本書一〇九頁参照）、これに筆者は興味を覚え、琉球王が為朝の子孫だとする為朝伝説を対比し、清と琉球の王が日本人の血を引くことを末尾に書き留めたのである。

このことは、一八世紀末には日本型華夷思想が知識人たちの間に浸透し、その象徴的な存在が義経・為朝伝説であったことを意味しよう。一七世紀初頭に半分ずつ日本となった北海道・沖縄の地に、日本を世界の中心とした立場からの視線が注がれた。そして義経・為朝伝説に深い興味を抱きつつ、南北二つの地について最初に綿密な考証を加えた人物が新井白石であった。

白石は将軍の側近という地位にあって、高い情報収集力を利用し、宣教師シドッチから得た知識で『采覧異言《さいらんいげん》』『西洋紀聞《せいようきぶん》』を書いて世界史的視野を有していたが、日本の南北にも眼を配り、享保四～五（一七一九～二〇）年に『南島志』『蝦夷志』を書き上げている。両書の刊行は、ともに幕末のことであるが、大名家や知識人の蔵書中に、数多くの写本が現存しており、そうしたレベルでは広く読まれていたとみてよいだろう(原田信男「新井白石『蝦夷志』『南島志』について」)。

なお両書のボリュームは、幕末の刊本で比較すれば、『南島志』が上下二巻四二丁であるのに対し、『蝦夷志』は一巻一六丁にすぎない。これは国家を持たなかった北海道の文字情報が圧倒的に少ないためで、国家を形成し中国と冊封関係にあった沖縄の場合とは大きく異なるが、ともに実証的でもっとも詳細な地理書であり歴史書であったことに変わりはない。そして白石は、『山海経《せんがいきょう》』海内北経《かいだいほっきょう》に依拠して、古くは『蝦夷志』で北海道を「北倭《ほくわ》」、『南島志』で沖縄を「南倭《なんわ》」と呼んだとしている。これは『山海経』原文の「蓋国在鉅燕南倭北倭属燕」を、元禄六(一六九三)年刊の松下見林《けんりん》『異称日本伝』の訓読を承けて「蓋国《がいこく》は鉅燕《きょえん》にあり。南倭、北倭は燕《えん》に属す」と読んだことに起因する。

しかし後に松前藩家老となる松前広長は、天明元(一七八一)年の『松前志』で、これを「蓋国は鉅燕の南、倭の北に在り、倭は燕に属す」と読むべきだとした。また屋代弘賢も先の『琉球状』で、水戸彰考館総裁・立原翠軒《たちはらすいけん》の助言を得て同様に誤読を指摘し「見林・白石共に麁《そ》漏《ろう》」と批判している。こうした誤読が生じたのは、白石が、蝦夷地と琉球国は、かつて古代国家への服属の意を示し、中世には武家すなわち源氏による支配が及んだ地であり、それを日本の一部だとする確信を抱いていたためでもあった。

そして源氏の義経と為朝が、両地を支配したという伝説は、白石にとってははなはだ魅力的だった。白石自身も主人である徳川家も、ともに源氏の流れを汲んでいたからである。おそらく白石にとっては、「北倭」を象徴する存在として義経伝説、「南倭」を象徴する存在として為朝伝説が位置づけられていたのであろう。

知識人のみた英雄伝説

実証主義を重んじた白石であったが、先にも記したように『蝦夷志』や『読史余論』では、義経の蝦夷渡海説や渡満説の可能性を残したような記述を行っている（本書一〇二・一〇八頁参照）。そして為朝伝説に関しても、『南島志』の草稿本では、為朝の子が舜天で琉球国最初の王であることを強調し、『保元物語』「中山世系図」『南浦文集』『琉球神道記』を用い、正徳四（一七一四）年に面会した琉球使節にも質問したうえで考察を加えている（宮崎道生『新井白石の史学と地理学』）。

なお白石は、典拠に『中山世鑑』を挙げずに、同書に所収される「世系図」の別本と思われる「中山世系図」を用いている。これについては後考を俟つこととしたいが、いずれにしても『中山世鑑』に関わる琉球側の文献によって、白石は日本で初めて舜天王を為朝の子とする説を紹介した。これを見つけた白石は、得意気に草稿本に「為朝の渡琉と舜天王」の項を起こしたが、さすがに成稿本では「世系」舜天の項に挿入するに留めている。しかし義経渡海説とは異なり、為朝中山王祖説は、白石によって明確にヤマトのなかで提示されたのである。

さらに白石の説を発展させた人物に、国学者の伴信友がいる。信友は、本居宣長の没後の門人で綿密な考証で知られるが、天保九（一八三八）年に著した『中外経緯伝』では、新たに多くの文献を用いて、第二編の付録で義経渡海説と清朝との関係を、第三編の日琉関係で為朝中山王祖説を検証している。義経伝説に関しては、白石の慎重な表現に対して信友は、『図書集成』の「図書輯勘録」を偽りと見抜いたうえで、堂々と義経清朝王祖説を展開している。また為朝伝説についても、『八島之記』や『中山伝信録』など豊富な史料を駆使して琉球中山王祖説を補強しているが、もとより論証として成り立つはずはなく、心情的な推測に終始している。

そもそも仮に舜天王の父が為朝だとしても、その後の英祖王統・察度王統・尚巴志王統・尚円王統との間に血統上の関係はなく、彼らは為朝の子孫ではありえない。これは日琉の王統観が大きく異なるためで、国家的には中国との関係の方が古い琉球では、いわゆる易姓革命《えきせいかくめい》の思想が強く、最終的には血統よりも徳治《とくち》の方が重視される（渡辺匡一「為朝渡琉譚のゆくえ」）。それゆえ『幻雲文集』「鶴翁字銘并序」の「厥《そ》の孫世々源氏に出でて、吾が附庸と為る也」という論理は（本書一三八頁参照）、あくまでも日本的な発想にすぎない。ただ為朝が舜天王の父であるという虚構は、近世の知識人に受け入れられやすく興味を引きやすい物語であった。

義経と為朝の「偉業」

義経伝説に関心を抱いて蝦夷探検を命じた水戸光圀は(本書一〇四頁参照)、同じように為朝伝説にも興味を覚えていた。元禄九(一六九六)年頃の九月一〇日付の松平薩摩守宛の書状では、「鎮西八郎為朝琉球国へ渡られ、其子孫只今之琉球王にて候由伝承り候」と記して、為朝から現在の琉球王までの系図の入手を依頼したほか、為朝を祀る神社の場所と名前や為朝とともに琉球に渡った従者の名前を教えてくれるよう頼み込んでいる。

ちなみに光圀は、天和《てんな》二(一六八二)年の朝鮮通信使来日後、年未詳九月一二日付の書状で宗《そう》対馬守にも、朝比奈《あさひな》三郎義秀《さぶろうよしひで》が朝鮮へ渡ったという伝説に関して、ほぼ同様な質問を投げかけている(ともに水戸義公書簡集、『水戸義公全集』下)。光圀にとって、異国で活躍した日本の武将は顕彰の対象だったのである。

ただ彼ら近世知識人たちの南北認識には、沖縄や北海道を見下したようなところがある。先にみたように平戸藩主・松浦静山は、両地に興味を抱いて義経伝説にも為朝伝説にも高い関心を示し、かなりの見識を有していた人物であったが(本書一二八・一七〇頁参照)、『甲子夜話』正編巻八八には「今の唐国も球国も皆吾が皇裔《こうえい》にして、征夷大将軍と同く清和源氏歟」としている。

さらに天保三(一八三二)年の琉球使節の行列を見た感想を、『保辰琉聘録』に「総じて琉人を観るに、勇壮肥大なるはなく、多く温実痩白なる体なり」「慶長中嶋津氏の攻め取しも宜《むべ》なる哉」などと記している。そして琉球を論じた結論部分では、龍宮は琉球で海宮のことであるから、天孫氏とは日本の神裔のことだとして、しかも中山王が為朝の後裔であるにもかかわらず、琉球が半ば中国に従っているのは憂うべきことだと述べている。

いっぽう老中・松平定信は、政界を退いた後の寛政九(一七九七)年成立の『退閑《たいかん》雑記』巻一に次のような話を収めている。松前の人が与えた米を蝦夷人が見苦しく粗末に食べたので、これを注意し米は尊いものだと諭した。すると我らは魚を尊く思うので、サケの皮で履物を作っている。日本人が稲藁で草履にしているのと同じではないかと反論したとして、最後を「まことにおそるべき事なり」と括っている。もともと定信は、朝鮮に対しても強い差別観・蔑視観を抱いており、通信使問題などでも蔑視外交を展開したが(藤田覚『松平定信』)、この末尾の感慨は、〝生意気〟という感情が交じったもので、米と魚を対比して、米を至上とする日本文化の優越感が背景にあったと考えてよいだろう。

概して近世日本の知識人たちは、日本の北と南に対して優越感を抱いており、そのため義経と為朝が活躍して、両地を統べるというストーリーに満足感を覚えていた。とくに近世に入って浸透してくる日本型華夷思想の影響は大きかった。たとえば文化七(一八一〇)年序の秦滄浪《はたそうろう》著『一宵話《ひとよばなし》』巻一では「今の清朝の王は、義経の子孫なり」「琉球の舜天王は、日本天皇の後《こう》裔《えい》、朝公《ちょうこう》の子なり」として「豈《あ》に快事ならずや」と記している。

さらに国学者の伴信友は、『中外経緯伝』第二で、島津氏が琉球を属国とし、松前氏が北海道の島々を従えたことで、「かくあまねき御稜威《みいつ》の、大八洲《おおやしま》のほかにおよびて順い奉るまでに、天下安国」として治まったと記した。まさに日本という国の威光が、北海道・沖縄という列島の南北を覆い尽くしたのは、彼らにとって義経と為朝の「偉業」が完全な実現をみたことを意味したのである。

第Ⅲ部

「史実」化していく伝説

——帝国の「英雄」

東郷平八郎が揮毫した為朝上陸碑(沖縄県今帰仁村運天，著者撮影．216頁参照)

西洋近代に範を求めた明治国家は、すでに半分ずつ取り込んでいた北海道と沖縄を全面的に日本のうちとして組み込んだ。そして、以前からの領域を「内地《ないち》」、新たに加えた北海道と沖縄を「外地《がいち》」と差別的に呼ぶようになった。また明治二(一八六九)年、蝦夷地の開拓・経営にあたる開拓使がおかれた。これに伴い蝦夷地は北海道と改められ、全域に国郡という行政区画が設定されて、正式に日本の一部となった。かつてアイヌの人々が自由に暮らしていた北の大地は、完全に日本のものとなり、そこにやがて大量の日本人が押し寄せることとなる。

いっぽう沖縄に対しては、明治一二(一八七九)年の軍事力を背景とした琉球処分(後述二〇四頁参照)によって、清への朝貢関係を断絶させ、五〇〇年におよぶ琉球王朝の歴史に終止符を打たせた。これについては、清からの反論があり、日清関係は緊張を迎えた。ただ沖縄としては、薩摩と清への二重の従属という桎梏《しっこく》から抜け出さねばならない運命におかれていた。沖縄内部にも親日派・親清派という対立はあったが、琉球処分は薩摩ではなく、より強大な日本の一部になることを余儀なくした。こうして明治政府は、沖縄を正式に日本の一部として沖縄県をおき、「内地」から県令を派遣して県政にあたらせたのである。

このように沖縄でも、北海道と同様に日本化が進行していったが、新たに日本に加わった北海道と沖縄は、ともに日本の植民地的な立場におかれた。つまり内国植民地として、膨大な国費が北海道の開拓や近代産業の移植に、あるいは「内地」資本が沖縄の製糖や炭坑などの産業振興に投入された。こうして北海道と沖縄を支配下におさめた日本は、西洋的近代化を遂げるとともに、日清・日露戦争の勝利を背景に、朝鮮・樺太・台湾を海外植民地とし満洲へも進出して、帝国主義国の一角を占めるにいたった。そのなかで北海道は満洲・樺太への移出基地として重視されたし、沖縄からは台湾へ警官や教師・技師として渡って植民地支配の先兵的な役割を担った人々も少なくなかった。

こうして日本は、新たな「外地」を踏み石として帝国主義的な拡大を遂げたが、その精神的・思想的な背景の形成に、義経伝説と為朝伝説は深く関わっている。とくに義経＝ジンギスカン説は大陸進出の一つのよりどころとなったし、為朝伝説は沖縄の皇民化に大きな役割を果たした。日本の近・現代史においても、義経と為朝の伝説は、大きな影響を与えつづけたのである。

第一章　義経伝説の飛躍——北海道開拓史のなかで

1　内国植民地化される蝦夷地

開拓使の設置と開発の進展

まず近代における北海道の変貌からみておこう。明治二(一八六九)年九月に公達された「北海道開拓大義」(『開拓使事業報告附録　布令類聚　上編』、以下『布令　上』と略記)では、まず第一条で「北海道は皇国の北門最要衝の地なり」と規定し、開拓にあたっては「深く聖旨を奉体し撫育の道を尽し教化を広め風俗を敦《あつく》す」としている。そして第二条では、「内地」からの移住者については、「土人」と協和して開発するよう諭している。さらに第三条では、樺太ではロシア人と雑居しているので、軽率な振る舞いは避けるべきだとしている。北海道開拓にあたっては、アイヌ民族の存在と対ロシア問題が意識されていたことがわかる。

もともと開拓使は、樺太を含む蝦夷地の開拓・経営を任務としていたが、樺太ではロシア人と日本人が混住しており、しばしば紛争が起こっていた。ロシアが樺太の全面支配をねらっていたことから、北方の緊張が高まってもいた。そうしたなかで明治八（一八七五）年に樺太・千島交換条約が日露間で締結され、日本は樺太を放棄する代わりに千島列島を領土とした。アイヌ民族は以前から樺太・千島双方にも暮らしていたが、彼ら先住民は三年以内に帰属国を決めて移住することを強制された。

開拓使は、アニア湾一帯に住む樺太アイヌを宗谷経由で江別市郊外の対雁《ついしかり》に移住させて苦しい生活を強いたほか（図Ⅲ―1）、千島列島最北のシュムシュ島のアイヌについても、日本に帰属したにもかかわらず、政治的判断から色丹《しこたん》島へ強制移住させた。アイヌ問題に関しては、移民への教諭とは別に、政策自体は協和とはほど遠いところにあったというべきだろう。

図Ⅲ-1　対雁の碑．移住を強制された樺太アイヌの人々は，慣れない生活環境への変化に加えて，コレラで841人のうち319人が亡くなり，追悼の碑（左側）が立てられた（江別市郊外，著者撮影）

国家の都合による生活環境の急激な変化は、彼らアイヌの人々の生活を圧迫するところとなり、新たな地への定住は簡単ではなかった。たとえば対雁の場合では、もともと漁業を業《なりわ》いとしていた彼らを、開拓農民として強制的に移住させたが、農業経営にはなじめず、彼らの生活はしだいに苦境へと追い込まれていった。後に日露戦争の勝利で南樺太を日本が領有すると、対雁のアイヌの多くは樺太に帰ったという。こうした強制移住という犠牲のうえに、開拓使は対ロシア関係を乗り越え、北海道の開拓・経営に専念したのである。

土地・産業の国有化

それまでアイヌの人々は大地を自由に利用していたが、これを政府は無主の地としてすべてを国有地に編入した。そして、それを「内地」からの移民に払い下げるというかたちで開拓が行われた。それゆえ北海道移民は、はじめ政府が募集し米・銭・農具などの扶助を受けていたが、明治七(一八七四)年には屯田兵《とんでんへい》制度が実施され、やがて士族および農業団体、さらに一般開拓農民なども移住してきた。さらに政府は、多くの犯罪者や政治犯たちを北海道に集め、集治監を樺戸《かばと》などに次々と建設し、主要道路建設などの重労働に囚人たちを宛てた。

また北海道の開拓は、欧米先進資本主義国に範をとった殖産興業政策の一環であり、在来の産業のない北の大地における近代産業移植の実験でもあった。このためアメリカの農務省長官であったケプロン以下多数の御雇《おやとい》外国人が登用され、欧米の知識や技術が積極的に導入された。

クラークを招いて札幌農学校を開いたほか、鉄道の建設や鉱山の開発を行い、さらには木工場・鉄工場をはじめとする製造工場や、ビール工場・葡萄酒工場・製粉所・缶詰製作所・醤油醸造所などの消費財工場が、官営によって設けられた。

これらの事業には、一〇年間で一〇〇〇万両という膨大な国費が投入されたが（関秀志他『新版北海道の歴史 下』）、開拓使が廃止されて北海道庁が設置されると、これらの官営工場は、低廉な価格で民間に払い下げられた。こうした上からの主導で、まさに内国植民地としての北海道開拓の基礎が急速に整えられたのである。

アイヌ民族への「同化」強制

もともと松前藩や国内の商人資本は、アイヌ民族を日本風俗に同化させずに、そのままの生活を維持させ、これを差別して上下関係を強いるという支配方式を採っていた。しかし幕府がロシアの脅威を感じて、文化四（一八〇七）年に蝦夷地を直轄下におくと、アイヌ民族の文化を「夷俗《いぞく》」として撫育教導の対象とし、彼らの内国民化を強力に推進した。たとえば日本風の名前に改めさせ、月代《さかやき》を剃って髷《まげ》を結い髭《ひげ》を落としたアイヌを「帰属土人」と呼んで優遇したりしていた。すでに幕末段階において、視覚的にも北海道が日本化された地域であることをアピールし、国家の政策としては琉球に対する薩摩の場合とは逆に（本書一五三頁参照）、同化政策を徹底させて、アイヌという異民族を国家の一部として取り込もうとしていたのである(菊池勇夫『幕藩体制と蝦夷地』)。

こうした方針を受け継いで明治国家も同化政策を徹底させた。明治四(一八七一)年一〇月八日の開拓使布達「旧土人教化諭達」では、アイヌの人々に対して、開墾を勧めて居家と農具を与えたいっぽうで、女子の入墨《いれずみ》や男子の耳環を禁じたりしている。そして日本語と文字を学ぶよう心がけよと申し渡している(『布令 上』)。さらに同九(一八七六)年九月三〇日の「本支庁達」でも、耳環や入墨などを「陋習《ろうしゅう》」として禁止し、アイヌの伝統的な風習を改め、「開明の民たらしむる」という方針で臨んだ(同前)。

そのためには、とにかく農業に従事させることが重要だとして、彼らの主要な生業であった狩猟や漁撈を禁止した。とくに明治九年の「北海道鹿猟規則」では、弓矢猟が全面的に禁止されるにいたった(同前)。これはアイヌの人々にとっては致命的で、肉の食用確保や販売が難しくなり、鹿皮との交換で得ていた宝物類も入手が不可能となった。この背景には、動物資源の保護という目的もあったが、開拓使顧問のケプロンによるアイヌの狩猟法が「惨酷」だとする批判への対応があり、〝開明的〟な側面を強調した結果でもあったという(百瀬響「開拓使期における狩猟行政」)。

また、もう一つの重要な生業である漁撈についても、明治六(一八七三)年には、札幌郡でサケの梁漁《やな》が、翌七年には豊平川《とよひら》以外での引網漁《ひきあみ》が、さらに同八年にはテス網漁と夜間のサケ・マス漁が禁止されるにいたった。以後も禁漁区の拡大が続き、明治三一（一八九八）年には、それまで認められていた自家用のサケ・マス漁についても全面的に禁止された（関他前掲）。シカやサケ・マスは、アイヌにとってまさに縄文以来の主要食糧であり、交易のための有力な物産でもあったが、その自由な入手の権利が政府によって奪われたことになる。

こうしたアイヌ民族の困窮に対して、明治三二（一八九九）年、これまでの議員提案を踏まえて政府は「北海道旧土人保護法」を提出し可決された。この法律では、困窮者への生活補助や就学の援助などが図られているが、基本的にはアイヌ民族の農耕民化を推進するもので、耕地の無償下付なども行われた。しかしアイヌ側にとっては条件も不利で、所有権にも大きな制限が設けられており、いろいろと問題が多かった。何よりも農耕民への転換は、あくまでも日本的価値観に基づくもので、アイヌ民族にとっては苦渋の選択にしかすぎなかったのである。

このため結果的に、アイヌ民族の人口比率は著しく低下し、明治一六（一八八三）年、北海道人口二五万二九五二人のうちアイヌは一万七二三二人で六・八一パーセントであった。その後アイヌ人口はほぼ横ばいであったが、明治四一（一九〇八）年には、和人は一四四万六三一三人となって、アイヌの人口比重は一・二五パーセントにまで落ち込み（榎森進『アイヌ民族の歴史』）、先住民族であったアイヌは、明治末年には絶対的少数民族という立場に追い込まれた。そうした力関係のもとで、アイヌの人々の多くは、北海道都市部の住民に紛れて身元を隠したりしたが、その後も長く民族差別に悩まされつづけた。こうした状況こそが、まさに北海道の急速な「日本化」の実態だったのである。

北海道開拓と日本的心性

このように明治期の北海道開拓の主役はあくまでも和人であり、その移入人口はすぐに激増していった。明治二(一八六九)年に約五万八〇〇〇人であったのが、同一八(一八八五)年には約二八万六〇〇〇人となった(関他前掲)。その翌年、初代道庁長官に就任した岩村通俊《いわむらみちとし》は、「岩村長官施政方針演説書」における農工業の奨励のなかで「自今以往は、貧民を植えずして富民を植えん。是を極言すれば、人民の移住を求めずして、資本の移住を是れ求めんと欲す」としたが(『新撰 北海道史』六)、一般の移住者は増えるいっぽうであった。

この演説が行われた明治一九年から大正一一(一九二二)年までの三七年間における移住者の総計は一五八万人に達している(安田泰次郎『北海道移民政策史』)。これは日本社会の資本主義化に伴って、各県から膨大な数の移住者が輩出されるようになり、京浜・阪神地区と並んで北海道が大きな受け入れ口となったためである。このうち一部は鉱工業などにも従事したが、圧倒的多数を占めたのは農業移民であり、なかでも東北・北陸地方の出身者が多かった。

ただし北海道農業は、寒冷な気候と広大な地形とから畑作を主体とするもので、御雇外国人が主導する欧米型農業が理想とされた。ところが日本の農民たちには、自ら米を作って食したいという願望が強く働いていた。屯田兵といっても畑作が中心で水田稲作は禁じられていたが、なかには密かに米を作る者もおり、軍律違反として処罰されたという。近世においても道南では水田開発が試みられたが、冷涼な気候のため難しかった。そうしたなかで札幌郊外の島松《しままつ》の駅逓《えきてい》を務めていた中山久蔵《なかやまきゅうぞう》は、自宅脇の水田で寒冷地稲作の実現に向けて試行錯誤を繰り返しながら、明治六(一八七三)年に耐寒性の強い赤毛種の栽培に成功した。

この種籾《たねもみ》は、同一二(一八七九)年に開拓使に献上され、日高地方の農民にも分け与えられたことから、道央部にもしだいに水田が広がり、やがて道庁も稲作奨励に方針を変更した。ちなみに後の満洲移民による寒冷地水田の開発も、この北海道稲作技術に基礎をおくものであった。

いずれにしても開拓使・道庁が勧めてきた欧米型農法に、移民たちが身に付けてきた在来農法を融合させるようなかたちで、新しい農業への挑戦が続けられ、農作物の商品化が進んだ。基本的に北海道開拓は、上からの指導で進行したが、これを厳しい寒さと戦いながら根底から支えて実現させたのは、各県から出てきた移住者たちであった。そして彼らは、自らの集落に神社や寺院を建立して、精神的なよりどころを求めたのである。

これは北海道の「日本化」の実現を物語る事象で、そのもっとも典型的な存在が、明治二年

図Ⅲ−2　札幌祭りの行列(写真提供・北海道神宮)

に開拓使設置と同時に創建が定められた札幌神社であろう。同社は、明治天皇の勅を承けて、大国魂《おおくにたま》神・大那《おおな》牟《む》遅《ち》神・少彦名《すくなひこな》神の開拓三神を、北海道開拓および北方守護神として創建された。明治三二(一八九九)年に官幣《かんぺい》大社となって北海道総鎮守とされた。また明治天皇を合祀する動きは戦前からあったが、昭和三九(一九六四)年に実現して北海道神宮と名称を改めた。六月一五日の例祭日には、官公庁は休日扱いとされ札幌祭りが盛大に行われている。鳳輦《ほうれん》と山車《だし》の出御に際しては、維新勤王《いしんきんのう》隊を先頭に、時代装束を身にまとった市民たちが、開拓三神と明治天皇の鳳輦を引いて札幌市内を巡行する(図Ⅲ―2)。この神社の存在と発展は、まさに「皇国の北門最要衝の地」における日本的心性の表象といえよう。

ちなみに北海道近代化の象徴ともいうべき鉄道の敷設は、明治一三(一八八〇)年の官営幌内鉄道で、小樽の手《て》宮《みや》と札幌を結んだ。これを走る蒸気機関車はアメリカから輸入されたが、その一号から六号までが順に、義経、弁慶、比羅夫、光圀、信広、静という愛称をつけられた。

北海道開拓にあたっては、義経伝説が強く意識されていたことが窺われる。

2　義経＝ジンギスカン説への熱狂

義経＝ジンギスカン説の展開

近代に入って、シーボルトの義経＝ジンギスカン説を検証しようとした人物に手塚律蔵《てづかりつぞう》がいる。手塚は、先にシーボルトが見たという「建靖寧寺記」のことを記した『柳庵雑記』の筆者に比定される人物で（本書一三〇頁参照）、蕃書取調所《ばんしょとりしらべ》に勤務していたが、維新後に瀬脇寿人《せわきひさと》と名を改めた（岩崎克己「シーボルトの成吉思汗即源義経説とその後世への影響」）。瀬脇は、明治九～一一（一八七六～七八）年にウラジオストック（浦潮港）の貿易事務官の任にあり、そこでシーボルトの義経＝ジンギスカン説を思い出し、義経の事跡を探索しようと思い立って、その検証の記録を『浦潮港日記』（鵜澤正徳「源義経韃靼を経略して満州と称し大元皇帝の始祖となるの疑」）に綴った。

瀬脇は、ウラジオストック在留の日本人やアメリカ人・中国人から情報を得て、ウラジオストックから一七〇キロメートルほど東の蘇城《スーチャン》（現パルチザンスク）を訪れ、この付近には日本人の墳墓や古跡が多く、寛永年間に日本人の武将が来て、この地方を支配したという伝承を聞き出した。そして文献的には、伴信友の『中外経緯伝』によりながら考察をすすめた。そして蘇城近くにハンガン崎という地名があることを聞き、ここは韃靼でもあることから、その武将とは判官・義経のことで、やがて蒙古を席巻し元の世を起こしたという論理を展開している。しかし満洲の満を始祖の源満仲《みつなか》から採り、源氏の源から元と称したとするなど、状況証拠の羅列に終わっている。

これより先の明治三(一八七〇)年に福井藩に招かれて来日したアメリカ人グリフィスは、帰国後の一八七六(明治九)年に『ミカドの帝国』("The Mikado's Empire"、明治大学図書館蔵本)をニューヨークで出版した。このなかでグリフィスは、中国の伝説や歴史を集めた"Seppu"という中国書に、義経がジンギスカンだとする記述があるとしているが、確認は難しい。

さらにグリフィスは、義経が自殺をせずに蝦夷に渡り、アイヌから崇敬され、日高にその墓と神社があることなども紹介している。さらに日本人にとって、義経は不滅の存在であり、その驚異的な虚栄心によって義経=ジンギスカン説を創り上げた旨を指摘している。グリフィスの説には、中国の"Seppu"という書以外にも、日本での知見も用いられていることになる。明治初年にも義経=ジンギスカン説が広く浸透していたことが窺われる。

そしてロンドンの日本公使館に籍をおいていた末松謙澄《すえまつけんちょう》は、このグリフィスの説と先の『浦潮港日記』をベースに、明治一二(一八七九)年に「日本の英雄義経と大征服者ジンギスカンの同一人物説」とでも訳すべき英語の論文をロンドンで刊行した。当時の末松は、公使館に勤務していたことから、清書されて外務省に送られていた『浦潮港日記』を入手することができた。そして第Ⅱ部第一章でみたような近世における義経入夷説や渡満説を文献で押さえたうえで、グリフィスや瀬脇の説（つまりシーボルトの説も）によって義経＝ジンギスカン説を展開した（岩崎前掲）。

末松の主な論拠は次のようなものであった。①ジンギスカンは源義経の音読みゲンギケイが蒙古語の特性によって訛ったものである。②ジンギスカンの姓はカインで岩に落ちる急流の意であるから源に通ずる。③ジンギスカンの先祖にニロンと訛って伝えられる人がいたが、これは日子《ひこ》を意味し日本人のことである。④ジンギスカンの父はエゾカイというが、これは義経が蝦夷の海を渡ったことの訛伝である。⑤ジンギスカンの長子はフジというが、これは富士山に由来する。⑥ジンギスカンの幼名テムジンは日本の天神に通じる。

これらの論証に末松はかなりの労力を割いているが、いずれも牽強付会とすべきだろう。また、すでに否定されたはずの『図書集成』の「図書輯勘録」を、『浄土真宗名目図』を使って持ち出すなどしている（本書一二五頁参照）。ただ先の"Seppu"については、大英図書館で見つけたが、破損が著しく肝心の部分を見ることができなかった旨を記している。かなり気負った著作で、日本人の虚栄心をくすぐる内容であったが、英語で出版されたため、日本人の間には広まりにくかった。ただ明治一六（一八八三）年には、これを要約し、さらに偽書である「金史列伝」の記事を加えた論文が、東京大学の雑誌に公表されているが（森三渓「義経元太祖同人ナルノ説」）、どこにも末松の名はみあたらない。

さらに明治一八（一八八五）年には、同じく末松論文は著者の名を伏せたまま、内田弥八《うちだやはち》によって翻訳され、『義経再興記』という題で出版されている（上田屋版）。これには山岡鉄舟《やまおかてっしゅう》が題字を寄せ、翌年には五版を増刷するほどであった。国会図書館蔵本には、東洋史家・内田吟風《ぎんぷう》による昭和一三（一九三八）年の奥書があり、「此書一たび出でゝ、源義経満洲入りの事、広く行わるゝに至れるなり。穂積陳重《ほづみのぶしげ》氏（法学界の重鎮）もこの旨を語られたりしを耳にせり」と記されている。一読して本書の論理には無理があることがわかるが、当時の第一線の知識人たちも読んでおり、一般にも広く受け容れられていたことが窺われる。

しかし、さすがに専門の歴史家の眼は厳しく、『史学雑誌』（一一—一〇）の彙報では、愚論で幼稚なる書と酷評されている。ただし明治二八（一八九五）年博文館刊の教科書『新撰日本小歴史』には「義経遁《のが》れて蝦夷に入る」の一文がある（千葉県立図書館蔵本）。同書は第一高等学校講師・増田于信《ますだうしん》の著で、文科大学教授・栗田寛《くりたひろし》の校閲を経ていることから、義経の渡海説までは、アカデミズムの一部でも公認されていたことになろう。

なお末松の執筆動機は、当時のイギリス人は日本を中国の属国のように考える傾向が強かったので、日本への誤解を解きたかったことにあるというが（土井全二郎『義経伝説をつくった男』）、まさに『義経再興記』の訳者・内田弥八が序文に記したように、義経＝ジンギスカン説の外国での刊行が「亦《また》愉快ならず哉」というのが本音だったのである。

大陸進出の論拠として

この内田吟風の奥書は、満洲事変にはじまる日中戦争のさなかに書かれたが、「義経満洲入り」の一語は、日本の大陸進出の正当性を潜ませたものとすべきだろう。義経＝ジンギスカン説は、早くから日本の大陸進出に利用されてきた。明治の代表的なジャーナリストで小説家の福地《ふくち》桜痴《おうち》は、七月に日清戦争がはじまった明治二七（一八九四）年の九月から一〇月まで、「国民新聞」に『支那問罪　義経仁義主汗《じんぎすかん》』を連載した（『福地桜痴集』）。

すでに『義経再興記』で、義経＝ジンギスカン説は広く国民に親しまれたものとなっており、この小説は、義経が大陸で活躍する架空のストーリーに、現実の国際関係を反映させようとしたものであった。ここでは、まず義経が蝦夷地から樺太に渡り沿海州に入って蒙古一帯の地を平定して、日本の武勇仁義を広く海外に輝かせたとする。そこに隣国の夏《か》をめぐり、中国本土に勢力を有していた金《きん》との間で確執が生じた。そこで夏を属国としようとする金の野心を見抜いた義経は、金と戦って大軍を打ち破り、金が夏の独立などを認め、燕京《えんけい》地方の支配を義経に委任することで金を許すという筋書きとなっている。

そして、その勢いに乗って蒙古の隅々まで平定し、建永《けんえい》元(一二〇六)年に大汗の位に就き、仁義に厚い源義経汗《げんぎけいかん》ゆえ仁義主汗と名乗ったとする。そして義経の大汗就任時の誓詞では、「此大陸日光の照さん限りは日本の大君に属させ奉らんは義経が願なり」と語らせている。義経は日本、夏は朝鮮、金は中国の立場を投影したもので、大衆受けをねらった政治小説ではあるが、日清戦争の正当性という主張がそのまま反映されている。

日本は、この戦争を勝ち抜き、一〇年後の日露戦争でも勝利を収めて、賠償金や割譲地を得たうえで、明治四三(一九一〇)年には朝鮮の植民地化を実現した。そして大正三(一九一四)年からの第一次世界大戦では、連合国側に回って輸出が急増し、多くの戦争成金を生むなど、経済的な安定をみて世界五大国の仲間入りを果たした。そして大正六(一九一七)年にロシア革命が起こると、翌七年から九年まで、その干渉戦争としてのシベリア出兵を行った。

『成吉思汗ハ源義経也』

このシベリア出兵に、陸軍通訳官として参加していた小谷部全一郎《おやべぜんいちろう》は、一年二カ月ほどの駐屯期間を利用して、満洲・蒙古における義経事蹟の探求を行った(土井前掲)。そして、その成果を大正一二(一九二三)年に『成吉思汗ハ源義経也』として公刊した(冨山房版)。基本的には末松謙澄の説を承けながらも、瀬脇がウラジオストック周辺で行ったような現地調査を広範囲に行い、それらを根拠に、改めて義経＝ジンギスカン説を展開したのである。日本の義経伝説関係史料にはほとんど触れず、むしろ満洲や蒙古に残る日本らしき風俗や伝承などの幅広い見聞を行って、義経に関係しそうな事象をできる限り集めた。その手法は末松に近く、ジンギスカンについて以下のような、状況証拠の羅列が続く。

つまり①ニロンと称する日の族から出て姓をキャオン氏すなわちゲン氏といい、その名をクローと称し即位してゲンギケイと称した。②義経と同じ笹竜胆《ささりんどう》を紋章とし白旗を用いて九の数を尊重する。③その居住地は必ず陸奥平泉の地形に似たところを宛てた。④短軀敏捷で米食緑茶を嗜《たしな》み戦術に長じている。⑤非常時には断食登山して天に祈り仏をホトケといい観音を崇める。⑥臣下を労り将士は彼をタイシャア（大将）と呼んで尊敬する、などといったもので、「成吉思汗の義経なることは、源九郎が血判を捺したる古証文」から確かだというが、この証文が示されるわけではない。ちなみに日本における緑茶の移入は衣川の戦い以後のことであるし、義経＝ジンギスカン説の証明としては粗末にすぎよう。

しかし同書は圧倒的好評のうちに迎えられ、瞬く間に版を重ねた。これに対して雑誌『中央史壇』第一〇―二号は、大正一四（一九二五）年に「成吉思汗は義経にあらず」の特集を組み、史学界からの反論を掲載した。大森金五郎・金田一京助・三宅《みやけ》雪嶺《せつれい》・鳥居龍蔵《とりいりゅうぞう》など多数の研究者が、さまざまな角度から小谷部の説を実証的に反駁した。しかし小谷部は、こうした史家からの反論に全く動ぜず、同年に『著述の動機と再論』を出版して(冨山房)、学者は古文書を金科玉条とするが、民衆の口碑伝説を無視してはならず、正史・定説・常識は疑うべきで、この特集は「雑駁なる憶説」で「売名的陋劣《ろうれつ》の心事を暴露」するものだと断言し、「日本史の研究には大なる愛国心を要す」としている。

なお小谷部は、アイヌ民族の擁護にも熱心で、明治四二(一九〇九)年には「北海道旧土人保護ニ関スル建議」(『アイヌ史資料集』二)を政府へ提出しているが、彼らを「陛下の赤子として之を拓き之を導きて……国力を増進」させるべきだと論じている。さらに昭和四(一九二九)年には『日本及日本国民之起源』を著して、日本民族のルーツを追求し、祖先はヘブライ人でユダヤ人と血統が同じだと論じている。彼はキリスト教の伝道者でもあり、虻田《あぶたす》ではアイヌ教育にも携わっていたが、故郷の秋田でも祖母から「義経北走の口碑」を聞かされていたといい(土井前掲)、自らに引き寄せた議論を組み立てるのが得意だったようである。

ともあれ日本主義者・杉浦重剛《すぎうらじゅうごう》の序文と徳川家達の揮毫《きごう》を得た『成吉思汗ハ源義経也』は、二カ月で一〇版を重ねるベストセラーとなった。なお『中央史壇』特集論文の高桑駒吉《たかくわこまきち》の「成吉思汗は源義経にあらず」では、末尾に「或る当局が満洲及び蒙古に於ける或る種の宣伝に使用する為」、著者に便宜を与え、同書を多数買い上げて各方面に頒布したという伝聞を記している。実否はともあれ、そう思われやすい性格を同書は有している。

小谷部の『著述の動機と再論』には多くの賛辞が収められているが、千葉刑務所に服役中の甘粕正彦《あまかすまさひこ》は、『成吉思汗ハ源義経也』の刊行を喜び「御上へも御献上御嘉納の光栄に浴せられ候事と存じ候」として是非とも拝読したい旨を伝えている。また『著述の動機と再論』では、「東京都新聞」が社説として掲載した教談家・野口復堂《のぐちふくどう》の「史学者の態度と抹殺論の流行」が紹介されており、ここでは小谷部の論理が勝てば「我大日本の国史に光彩を添うる」が、負ければ何もならず、とかく史学者は「国家の名誉も不名誉も眼中に置かぬ」傾向があるという批判が展開されている。義経＝ジンギスカン説は、国家のためのものというのが、当時のマスコミの認識で、こうした時代的風潮が、軍の大陸への進出を後押しし、八年後に満洲事変を引き起こしたのである。

第二章　為朝伝説の完成——日本化の根拠に

1　琉球王朝の併合

琉球処分の内実

幕末、イギリスがアヘン戦争で清に勝利すると、東アジアの国際秩序は大きな再編期へと入った。日本に開国を迫るイギリス・フランス・アメリカなどの艦隊が来航し、琉球はその前線基地とみなされていた。そうした情勢を知っていた幕府は、琉球に限って英仏との通商を許し、弘化《こうか》四(一八四七)年に琉球をイギリス・フランスに開港した。いっぽうアメリカ海軍省編『ペリー提督日本遠征記』によれば、ペリーは嘉永五(一八五二)年には海軍長官宛の意見書で、もし日米条約締結に失敗した場合は、琉球を武力で占領する旨を表明している。

こうした国際情勢のなかで、明治四(一八七一)年に廃藩置県《はいはんちけん》が実施されると、琉球は鹿児島県の管轄となった。翌年には大幅な島治改革が伝達されて琉球処分が始まり、琉球藩がおかれ中山王・尚泰は華族に叙せられて、日本化への動きが本格化した。この明治四年には日清修好条規も結ばれたが、この年、宮古島の船が台湾に漂着し、現地住民に五〇数名が殺害されるという事件が起こった。政府は、清に賠償などを求めたが、管轄外として拒否されたこともあり、いくつかの議論はあったが、同七(一八七四)年に台湾出兵を実行し、最終的には清から遺族への見舞金などが支払われた。この事件は、琉球帰属問題において日本に有利に働いた。

そして翌八年、政府は処分官・松田道之《みちゆき》を琉球に派遣し、清との朝貢・冊封関係の廃止と、明治年号の使用や藩制改革などを強要した。これに対して、琉球側は自国存続の請願書を提出し続けたほか、親清派は清に密航して救援を要請した。また清も、琉球問題を重視して抗議を行ったため、日本側の思うようには併合はスムーズに進行しなかった。

そこで明治一二(一八七九)年、再び松田を琉球へ派遣し、対清関係を停止する旨の遵奉書の提出を命じたが、その提出がなかったため、松田はいったん帰京し政府に断行の判断を仰いだ。その結果、同年三月二五日に松田は、一〇〇名余の内務官僚や警察官および数百名の熊本鎮台《ちんだい》兵を率いて、三たび琉球に上陸し同二七日に首里城に乗り込み、武力を背景に琉球藩の廃止と沖縄県の設置を宣言した。

こうした琉球処分によって、次々と行政事務を接収するとともに、最後の国王・尚泰とその一族を首里城から東京に移住させて、琉球王朝を滅亡へと追いやった。これに対し日本国内では処分支持の論調が主流を占めたが、清はもちろん海外からの反対論も少なくなかった。そして沖縄では、首里や那覇の士族層や地方の主な役人層は、これを容認せず、沖縄内部で抵抗を続けるか、清へ亡命して救国運動に走るなどの行動に出て火種を残したが、明治政府による廃琉置県は現実のものとなった。

根拠としての為朝伝説

ここで問題としたいのは、明治八(一八七五)年の処分強要における松田の理由付けである。松田道之著『琉球処分』(『明治文化資料叢書』四)第二冊に収められた第四一号通達書には、明治政府が琉球処分つまり日本に帰属させる理論的根拠が列記されている。一六項目ほどの理由が挙げられているが、主なものを示せば、①日本と地脈が連続すること。②日本の人種に属すること。③六国史などに登場すること。④朝貢し租税を納入していること。⑤日本の貨幣を通貨としていること。⑥言語・文字が同じであることなどで、これに加えて神祇・仏教が同じで本寺が日本にあることや、中興の国王は日本人の末裔であること、さらには台湾出兵で琉球漂流民を日本人として扱ったことなども挙げている。

このうち中興の国王を日本人の末裔とするのは為朝伝説のことである。通達書にはわざわざ「永万元年に至り源為朝伊豆の大島より航して来り大里按司の妹を娶り尊敦を生む是則ち舜天王にして今王則ち此末裔なり」と記して、『中山世鑑』にある舜天＝為朝の子説を、日本への帰属の理由の一つに持ち出している。さらに『琉球処分』第三冊甲号附録第一号でも、繰り返し為朝を登場させて、尚清王は源氏の後裔であるとしている。これは先にも述べたように（本書一七九頁参照）、日本と琉球では王統観が違うから、尚氏が為朝の末裔とすることはあたらないが、向象賢が書き残した正史の記述を日本流に解釈し、しかも伝説の域を超えた歴史的事実とみなして、琉球処分の正当な理論的根拠の一つに利用したのである。

先島分離案と脱清人

こうして対内的には、沖縄を日本の一部とする処理は終えたが、まだ対外的な手続きは終了していなかった。もう一つの宗主国であった清との関係は解決しておらず、廃琉置県の報道に接した清は、この問題で日清国交を断絶するつもりはないとしつつも、抗議を行い琉球処分の撤回を要請した。これに対し日本政府は、薩摩侵攻以来の日琉関係史と台湾出兵を論拠に論駁したが、この論争は平行線をたどり、日清関係は緊張を増していった。

そこに登場したのが、アメリカの前大統領グラントで、米日清三国の協調関係を重視し、平和的な解決法として琉球諸島の分割案を提示した。これは先島を清国領とし、沖縄本島以北を日本領とする二分割案で、従属国である琉球の主権とは無関係に、日清間の領土問題へと発展していった。なお沖縄本島に王国を復活させて部分的に主権を認めたうえで、先島を清国領、奄美以北を日本領とする三分割案もあったが、度重なる交渉の結果、明治一三(一八八〇)年に二分割案で日清間の合意がまとまり、調印寸前の事態にまでいたった。かつて縄文文化が及ばなかった先島は、中国領とされた可能性がきわめて高かったのである。

しかしこの間、沖縄県設置に反対する琉球の旧臣たちは、脱清人として清に亡命し救国を訴える運動を起こしていた。彼らにとって分割案は、とても承認できるものではなく、この調印阻止を目的として、絶望の果てに抗議の自殺を行った久米村出身の林世功《りんせいこう》という人物もいた。こうした在清琉球人の突き上げもあり、宗主国の立場にある清は、さまざまな議論の結果、調印をひとまず中止することとした。その後も、先島に琉球王を復封させ清の冊封を認める案が検討されるなど、日清間で水面下の秘密交渉が続けられた(西里喜行「廃琉前後の琉球問題と日清の政策決定過程」)。

いっぽう全国の廃藩置県は平穏裏に行われ秩禄処分も比較的スムーズに実現したが、武力行使を伴うかたちで強行された沖縄の廃琉置県に対しては、当初、旧琉球藩首脳は新県政への協力を拒否し、清の援助を待つ方針で臨んだ。しかも王府解体によって経済基盤を失う旧士族層の不満が大きく、激しい抵抗運動が続いていた。彼らのなかには、親清派として救国運動に走る者も多かったため、清との関係を考慮し、その懐柔を図る必要があった。

旧慣温存策と日清戦争

そこで県の方針としては、旧慣の土地・租税・地方制度をすべて継承することとし、旧士族層への金禄支給を行うなどの優遇措置を採った。旧来の農民統治や収奪のシステムを、そのまま存続させた旧慣温存策は、貢租や公費の過重負担を強い、かなりの数にのぼる地方役人層の特権濫用や不正行為を黙認させたことから、沖縄の民衆にとっては、厳しい現実からの脱却を阻止する政策となった。そこで県は、旧士族層の抵抗に対応するため警察組織の整備を急ぐとともに、勧業・教育についても重要施策として力を入れた。

これに伴いヤマトからの寄留商人が増加し、産業経済の中枢部を掌握した。またヤマトからの移住者が警察官・教員などの職につき、県の主要ポストも握っていた。旧慣温存策の弊害は続いていたが、こうした移住者との交流を通じて、その問題点にも気付いた民衆は、しだいに旧慣改革を要求するようになっていった。

こうした清との領土問題と旧慣改革は、近代の沖縄にとって大きな課題であったが、その解決の一つの契機となったのが、明治二七(一八九四)年の日清戦争である。朝鮮半島の支配をめぐる戦争であったが、朝鮮の宗主国である清の敗北は、沖縄の日本帰属を自明のものとし、先島分割案も立ち消えて、琉球王国は日本帝国下に完全に組み入れられた。また沖縄の親清派に決定的なダメージを与え、県に対する抵抗勢力は大きく後退した。

これを機に旧慣改革が本格的に推進されるようになり、下関条約調印直後に地方制度の改革が閣議決定され実行に移された。これと並行して地租改正法案を策定し、土地整理法を制定して土地・税制改革に着手した。これらは民衆の旧慣改革要求とは別次元で行われた上からの近代化であったが、こうした一連の改革で沖縄社会は新たな段階に入った。いずれにしても近代の義経伝説が後押ししたような、大陸進出の足がかりとしての日清戦争を契機に、沖縄は大きな変容を遂げるところとなるのである。

2 帝国統治下の為朝伝説

皇民化政策の浸透

明治政府は、沖縄の人々に対して最初から侮蔑の眼差しを注いでいた。たとえば『琉球処分』第三冊に収められた明治一一(一八七八)年の「琉球藩処分案」には「士民字を知る者少なく言語通ぜざる」とある。同じく翌年の「沖縄県下士族一般に告諭す」でも、処分官の松田は「(職に就けない士民は)自ら社会の侮慢を受け、殆んど一般と区別さるゝこと恰も亜米利加の土人、北海道のアイノ等の如きの態をなす」として、それは自らの招いた結果だとする。ただ立場上、全体としては士族たちに彼らの不利になるような行為を禁じる告諭となっている。

そこで明治一三(一八八〇)年から『沖縄対話』という対訳式会話教科書が師範学校や小学校で使用されはじめ、標準語教育が推し進められた。内容的には、時間概念や時計・汽車あるいは商業・産業の様相などを題材として取り上げ、沖縄の子どもたちに日本的な近代化像を提示しつつ、日本への文化統合を図ったことが指摘されている(松永歩「近未来予想図としての『沖縄対話』」)。なお標準語教育は全国で行われ、方言を使った生徒への罰則として、方言札を首にかけさせたが、とくに厳しかった沖縄のほかにも、東北や九州などで用いられ、かつて古代に遅れて日本に組み込まれた北と南で、標準語教育が徹底されていた点が興味深い。

さらに標準語のみならず、近代化の担い手を育成するための学校教育制度を整えて、貧困家庭の子弟にも就学を督促したため、日清戦争後になると就学率は急激な上昇をみせた。そして明治二八(一八九五)年には、県内の私立教育会が「将来教育改良施設案」を議決した。標準語の普及、断髪・和服の励行、履き物の使用、入墨など旧習の禁止を促すなどの風俗改良が、学校教育の場でも指導され、同化教育・皇民化教育の推進が図られた。

その後、沖縄では同三四(一九〇一)年の四年制義務教育制度の発足によって、同三九(一九〇六)年には就学率が九〇パーセントを超えており、明治二三(一八九〇)年に発布された教育勅語の精神は、皇民化教育を通じて沖縄の隅々にまで徹底されていった(西里喜行「近代化・文明化・

ヤマト化の諸相」)。また、すでに明治二〇(一八八七)年、他県の師範学校に先んじて、沖縄県尋常師範学校に天皇の御真影《ごしんえい》が配布されており、皇民化教育の矛先がいち早く沖縄に向けられていたことがわかる。ちなみに沖縄における徴兵制の実施は、小笠原諸島と同じ明治三一(一八九八)年のことで、旧慣改革も終わりに近い頃であったが、これによって沖縄の民は完全な日本帝国臣民とされたのである。

「人類館」事件

こうしたなかで明治三六(一九〇三)年に人類館事件が起こった。大阪で開かれた第五回内国勧業博覧会で、人類学者の指導の下、場外に学術人類館が設けられた。このパビリオンには、日本周辺の異民族の生活ぶりを紹介する目的で、清・朝鮮・台湾先住民・北海道アイヌ・沖縄・インド・ジャワ・ハワイなどの生身の男女が「展示」されることとなった。沖縄からは、廃業した娼妓《しょうぎ》二人が手踊《ておどり》などの芸を見せるという名目で雇われたが、まさしく人間の見世物で、日本人とは異なる種族の標本という発想での「展示」であった。

これに対して清・朝鮮から侮蔑的だとの抗議を受け、政府は両国人の「展示」をすみやかに中止した。また沖縄でも新聞紙上で、沖縄人の「展示」に対する非難の主張が繰り返されていた。そこで沖縄人についても最終的には取りやめとなって、学術人類館に対する抗議はいちおうの終結をみた。

だが清・朝鮮・沖縄以外では、まとまった抗議行動を起こす組織力が乏しく、そのまま「展示」が続けられた。なお、ここで「展示」されていた北海道アイヌのホテネという人物は、この博覧会を好機として、観覧者からの義援金を募り、アイヌ学校の維持費とするため、これに赴いたと主張している。ただホテネにしても、アイヌ教育を維持するためには、「内地」の観覧者が抱く優越感に期待し、見世物となって義援金を集める以外に、途がなかったのだろう。この時期の日本は、皇民化教育を謳いつつも、北海道アイヌと沖縄人を、日本人とは異なる人間の見世物として博覧会に「展示」したのである(松田京子『帝国の視線』)。

ただここには、さらなる問題もひそんでいた。同年の「琉球新報」四月一一日の記事「人類館を中止せしめよ」は、沖縄人の「展示」に対する批判を展開したものであるが、沖縄では一視同仁の皇沢に浴して人民の教化が著しく進んでいるにもかかわらず、「台湾の生蕃《せいばん》、北海のアイヌ等と共に本県人を撰《えら》みたるは、是れ我を生蕃・アイヌ視したるものなり、我に対するの侮辱、豈《あに》これより大なるものあらんや」と記している。自らへの差別を憤りながらも、生蕃やアイヌへの差別を当然視しており、この人類館事件は、日本全体が沖縄とアイヌに二重の差別構造を強いたことを意味しよう。こうした差別を原動力とした支配こそが、日本の北と南に対する皇民化政策の本質だったのである。

為朝人気への便乗

為朝伝説に関しては、義経伝説と違って歴史学界でも、明治期にはすでに史実と考えられていた。薩摩出身の重野《しげの》安繹《やすつぐ》は、楠木正成《くすのきまさしげ》の桜井駅の別れの史話は史実ではないと断言した明治実証史学の権威であったが、『薩藩史談集』で、『中山世鑑』を意識してか、為朝の渡琉説は「義経の蝦夷落ちとは比較されず。其証跡がある筋に見えます」としている。そして重野が久《く》米《め》邦武《くにたけ》と星野恒《ほしのひさし》との共同編纂で、明治二三(一八九〇)年に帝国大学から刊行した『稿本 国史《こくし》眼《がん》』には、「沖縄の土豪大里の按司、女を為朝に妻《めあ》わせ、遂に全島を服す」「女の生む所を琉球王舜天とす」と堂々と記している。また台北帝国大学の初代総長を務めた幣原坦《しではらたいら》も、明治三二(一八九九)年刊の『南島沿革史論』で、為朝の来琉を「隠れもなき事実」としている。

また沖縄学の創始者たちも、為朝伝説については、微妙ながら肯定的な立場をとっていた。まず日琉同祖論に立つ伊波普猷は、先にもみたように、為朝の運天上陸を『おもろさうし』の歌から推察しており(本書六九頁参照)、伝説であって歴史家の材料にはならないとしながらも、民俗学的な立場からは好資料で、大枠としては信じてよいとしている(伊波普猷「南島の歌謡に現はれた為朝の琉球落」)。すでに東恩納寛惇《ひがしおんなかんじゅん》も、為朝が舜天を琉球に残したのは当然で怪しむことはない、などとして伝説を肯定する発言をしている(東恩納寛惇「為朝事跡考」)。また真境名《まじきな》安興《あんこう》も、為朝伝説に関する史料群を検討したうえで、これを否定するのは大いに早計だと結んでいる（真境名安興『沖縄一千年史』）。近代の沖縄の研究者たちもまた、本気で為朝来琉説を信じようとしていたのである。

そうしたなかで、近代の沖縄において為朝がどのような位置を占めていたかをみてみよう。日露戦争後の明治四四（一九一一）年一〇月一三日の「琉球新報」には、「為朝の遺骨現わる」という記事が掲載されている。「愚民を欺く芝居」として、ある老人が、拾い集めた骸骨を為朝・弁慶・牛若の遺骨と称してある門中《もんちゅう》（同族集団）を騙すために、この骨は為朝の子孫である証拠となると吹聴し、有り難がらせて物品をせしめていたという。その門中は身分の尊さを誇り、日の丸を掲げて祭典を挙げたといい、為朝との関わりが高いステータスを保証するものだったことが窺われる。また「琉球新報」大正三（一九一四）年六月三日の広告には、中座という劇場で「琉球と為朝」という『椿説弓張月』を下敷きにした六幕物の芝居が上演されるとある。ともに沖縄の民衆の間にも為朝人気が高まっていたことを物語るものといえよう。

顕彰される為朝

そして日本は日露戦争に勝利し、第一次世界大戦に連合国側として参戦し中国での勢力を拡大させて、大正初年には世界軍事大国の仲間入りを果たした。さらに、この時期には日本全国で郷土史運動が盛んになり、大正八（一九一九）年制定の史蹟名勝天然紀念物保存法とも相まって、史蹟に対する関心が高まった。一種の地域的アイデンティティの高まりを示すものであるが、いっぽうで国家ナショナリズムとも根底で通ずるところが多かった。

そうしたなかで同一一（一九二二）年、沖縄でも運天港に、日露戦争の立役者・東郷平八郎《とうごうへいはちろう》の揮毫《きごう》による「為朝上陸之碑」が建てられた（扉写真参照）。この台座には「国頭郡教育部会発起」とあり、沖縄県教育会という教育団体の支部会によって企画されたことがわかる。こうした教育部会の指導者は、郷土教育に情熱を燃やしたが、愛郷心から愛国心への展開を意図する傾向が強く、皇民化教育を大きく推進する役割を果たした（高良倉吉「沖縄研究と天皇制イデオロギー」）。この碑は、沖縄県民が帝国日本の臣民へと組み入れられていく象徴でもあった。

さらに翌一二年、県社・沖縄神社の創建が内務省から認可された。もともと同社は、明治四三（一九一〇）年に「県社・村社建設理由書」が作成され、沖縄県知事は、神社局長に正座に舜天、脇座に為朝と尚泰を祭神とする県社の創立を問い合わせている。ところが具体化に及ばず、大正三（一九一四）年になって再び県社創立の問題が協議された。この時には、尚泰を主神としアマミキヨ・シマミキヨの二神を配すという県民の希望が出たが、後者二神は日本の神祇として認められず、結局、許可されなかったという経緯がある。

最終的には祭神を舜天・為朝・尚泰の三柱に戻すことで、大正一二年に創建の認可が下り、同一五年に首里城の王殿を拝殿とする沖縄神社が創立をみた（図Ⅲ—3）。同社は現在、首里城の東に位置する弁ケ《べんが》嶽《だけ》にあるが、皇民意識が高揚する戦争以前においては参詣者の姿をほとんどみなかったという（鳥越憲三郎『琉球宗教史の研究』）。このことは逆に以後には、それなりの参詣者を集めたわけであるから、まさに皇民一体となった戦争期に、沖縄における為朝伝説が完

図Ⅲ-3　沖縄神社．（上）祠の正面奥に（下）石板が懸けられているが，現在では中央に「舜天」の文字が見えるだけとなっている（那覇市，著者撮影）

成をみたことになる。軍人・東郷平八郎に顕彰された英雄的武将・為朝を県社の神と崇めて、県民は戦争を乗り切ろうとしたのである。

方言と苗字への圧力

このように為朝を一つの看板として推し進められた皇民化政策の大きな核となったのが、沖縄における標準語教育の浸透つまり方言の追放という問題であった。これについてはすでに前述したとおりであるが（本書二一一頁参照）、とくに注目すべきは、日中戦争中の昭和一五（一九四〇）年に起こった方言論争である。これは軍需景気を背景とした観光ブームにのって、沖縄観光協会が民芸運動の中心にいた柳宗悦《やなぎむねよし》を招いて座談会を開いたところ、席上で柳は県が行っている標準語励行を行き過ぎだと批判して、県の当局者と大論争となった。柳は沖縄語を、壺《つぼ》屋《や》焼などの民芸品と同じように沖縄文化の重要な一部だと考え、これを守るように訴えたのである。

しかし沖縄県民の反応は微妙で、標準語を話せない沖縄県人がいかに苦労しているか、新しい時代に取り残されたくない、といった反応の方が強かったという（船津好明「方言論争再考」）。軍国体制による全体主義的傾向もあり、県当局のみならず沖縄の知識人の間には、言葉の面でもヤマト志向が根付きつつあったことが窺われる。なお伊波普猷は、これについて柳の意見をべからず」）。

歓迎しながらも、言語と民芸は違うというコメントを残している（伊波普猷「方言は無闇に弾圧す

たしかに方言は文化の問題ではあるが、むしろ沖縄の人々には差別の問題として認識されていた。近代の沖縄からは多くの海外移民が出て行ったが、国内の大都市で働く人も多く、彼らは方言による差別の問題に悩まされていた。そして方言以外にも苗字の問題も桎梏となっていた。沖縄では明治三（一八七〇）年の沖縄県設置とともに戸籍の整備が始まり、苗字が強要されたが、平民の多くは地名を冠している。それゆえ沖縄の苗字はヤマトとは読みが異なり、たとえば金城（カナグスク）・島袋（シマブク）・砂川（ウルカ）であったが、これらはヤマトンチューにとっての煩雑さや差別を避けるため、カナシロ・シマブクロ・スナガワと呼ばれることで同化してきた（武智方寛『沖縄苗字のヒミツ』）。

ただ改姓の手続きは簡単ではないことから、大正九（一九二〇）年一〇月二二日の「沖縄朝日新聞」の「姓名の呼方改善」では、せめて読み方だけでも真栄田を前田に、玻名城を花城などに改めるべきだと提案している。こうした動きは、戦時体制下でいっそう強まり、昭和一一（一九三六）年八月一三日の「大阪朝日新聞」鹿児島・沖縄版には、「珍奇な名前は改めよ」とする記事が載り、同一四年二月八日の同紙は、県が復姓願・改名願を簡略化したため、改姓改名をする者が激増したと伝えている。たとえば、仲村渠《なかんだり》は仲村・中村へ、島袋《しまぶくろ》は島・島田・島副

へ、喜舎場《きしゃば》は喜村へ、渡嘉敷《とかしき》は富樫へなどと改姓されたが、まさに創氏改名的な動きの背景には、ヤマトからの強い差別を感じていた沖縄県民側の要望もあったことになる。

こうして戦時体制下で皇民化を遂げようとしていた沖縄県民は、昭和二〇(一九四五)年三月二六日、アメリカ軍の沖縄上陸により、国内で唯一の直接戦闘に巻き込まれた。沖縄は本土防衛のための捨て石とされ、県民四人に一人の約二〇万人という犠牲を強いられたが、このうちには日本軍によって命を奪われた者も少なくない。『日々命令綴』に収められた四月九日付の三二軍「球軍会報」には「爾今《じこん》軍人軍属を問わず標準語以外の使用を禁ず。沖縄語を以て談話しある者は間諜とみなし処分す」の一項があり(防衛省防衛研究所蔵)、「内地」の軍人たちが理解しにくい沖縄方言を使う者は、投降勧告ビラを持っていた者と同様に、疑われてスパイとみなされ処刑されたのである。皇民化の目標に背く方言の使用は、緊迫した戦闘下において生死を決したのである。

終章
伝説の領域——北と南の相似性

明和元年の秋賀慶の使として武蔵の国へ趣ける時／肥前の松浦といふ所に至り追風なくて十日余リ舟を／停し頃よめる∥読谷山王子朝恒∥追手ふく風のたよりを松浦かた幾夜うき寝の数つもるらん

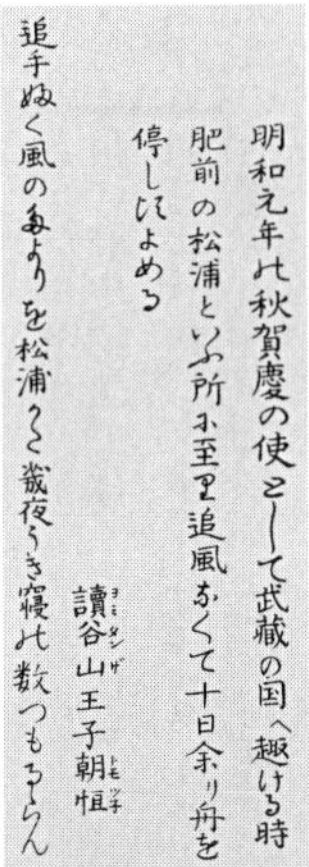

和歌を蝦夷言に訳す∥つらしともいはて過行身のほとはおもひしらぬはなみたなりけり∥コムコムセ．ツシテリヲマン．ネトハケヘラムハイタァノヌベタバングニ

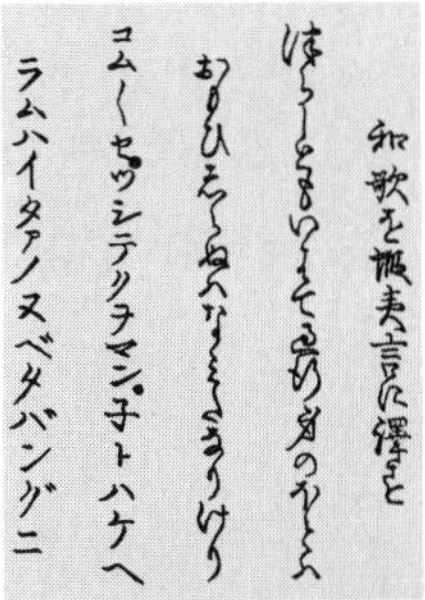

(左)アイヌ語に和歌を訳す(『アイヌ語資料叢書 藻汐草』金田一京助解説，成田修一撰，国書刊行会，1972，229頁参照)．(右)琉球王子の和歌(林子平『三国通覧図説』，国立国会図書館ウェブサイトより，230頁参照)

1　歴史と伝説の位相

物語としての歴史

これまで義経と為朝の英雄伝説を追ってきたが、改めて伝説そのものの意味を考えてみたい。そもそも文字を持たない時代にあっては、先人から過去の出来事を聞き、それが歴史として後世に伝えられた。すなわち、いわゆる語部たちの語る古伝承が「歴史」そのものであった。古代の律令国家の成立以降に文字の使用が本格化し、古伝承を集成するかたちで『古事記』『日本書紀』という歴史書が成立をみた。

その後も、たとえば『大鏡《おおかがみ》』をはじめとする中世の歴史物語では、いずれも二〇〇歳近い老人の昔話というスタイルが採られたことに象徴されるように、文字に縁遠い多くの人々は、語りとしての歴史に耳を傾け、過去における英雄の活躍を知ろうとしてきた。琵琶法師の語る源平の軍記や、太平記読みの講釈などを通じて、歴史に興味を覚えてきたのであり、歴史と伝説は紙一重であった。

しかし伝説においては、歴史学の大原則ともいうべきテキストクリティック（史料批判）は必要とされず、場合によっては、史料の一部のみが切り取られ、都合良く解釈されて、伝説に信憑性を与えるための材料とされる。歴史研究でも立場やイデオロギーによって客観性が脅かされることもあるが、地域の人々にとってもっとも身近な「歴史」としての伝説には、過去における事実の客観的な検証が必ずしも意味をもつとは限らない。

まさに人々にとっては、むしろ主観が入り込んだ軍記物などの物語こそが「歴史」であった。そこで知り得た物語と物語を想像力で繋げ、さらに新たなストーリーを紡ぎ出すというかたちで、数多くの伝説を創り上げてきたことは、二人の英雄伝説で見てきたとおりである。もともとの物語が、一定の史実によったものであったとしても、それを伝える過程で、歴史上の出来事は、さまざまな変容と成長を遂げて伝説となり、それぞれの地域の人々の間で、長く大切に語り続けられてきた。

歴史そして昔話と伝説

過去に関する物語としては、歴史と伝説のほかに昔話もあるが、昔話と伝説の比較を試みつつ伝説の本質に迫ったのが、戦前に刊行された柳田国男の『伝説』であった。柳田によれば、昔話には定型があり、語る際の順序や言うべき言葉が決まっているが、伝説は話に定まったかたちがなく、要点だけが伝えられればよいとされる。

また昔話は語り手自身が事実とは認定せず、〝という話だ〟と保留を加えるが、伝説は最初から事実だと信じて語られる点に大きな違いがある。とくに伝説には、これに関わる神社仏閣あるいは塚や墓、さらには座ったという石や身を潜めたという場所や、伝承で固められた遺品など、主人公と関連する何らかの記念物が存在するという特徴がある。

そして何よりも伝説は、「歴史になりたがる」という性格を強く有する。それゆえ伝説をもとに、さまざまな歴史が創り出されるが、その分だけ逆に歴史からは遠ざかっていく傾向にあることを、柳田は指摘している。つまり伝説を語る者あるいは聞く者は、それを自分たちに関係ある事実として信じ込もうとするところに最大の特色があり、もし不合理な部分があれば、それに辻褄の合う解釈を加えようと想像力を無限に働かせる。このため伝説自体が、徐々に膨らんで、時代とともに大きく成長し変化するところとなる。

もちろん過去を事実として信じ込むためには、裏付けとなる根拠が必要であるが、伝説の論拠は身近に求められた。信じ込みたい伝説に関連する有利な伝承や物語のほか、それらしき自然物や人工物あるいは地名などがあれば、それらに独自の解釈を加えて積極的に伝説の根拠として利用する。つまり、そこでは歴史学的な厳密さよりも、事実として信じたいがために、自らに都合の良い典拠や事物あるいは論理が優先されるのが、一般的な原則だともいえよう。しかも柳田の言を借りれば、伝説とは本質的に「人間の想像力に根を差した以上は、自由に又美しく成長せねばならなかった」ことになる（柳田国男「東北文学の研究」）。

それゆえ信じたい伝説に有利な新たな知識や解釈に出会えば、それを都合良く自らに引きつけて、伝説は「美しい」成長を遂げる。実際の伝説の広め手である物語師たちから聞いた話に拡大解釈を加えて、自分たちの伝説に組み入れたり、また物語師たちも土地土地の伝承を採り入れて、語るべき伝説の飛躍を試みたりした。そして、この循環は限りなく繰り返され、長い歴史のなかで伝説自体が膨大な物語にまで発展するところとなる。

従って伝説は、しだいに史実から乖離していくことになるが、その形成・展開においては、昔話とは異なって、常に具体的な地名が登場したり、真に実在したかあるいは実在したと考えられる人物が主人公となる。つまり伝説の語り手と聞き手の間には、それぞれに身近な歴史的・地理的知識が共有されており、それが伝説形成のもっとも重要な母体となっている点に留意する必要があろう。つまり歴史学からすれば、伝説自体は虚構であり研究の対象とはなり得ないが、人々に語り継がれた伝説の基底には、その集団や地域の歴史性が深く根を下ろしている。

このため一定の集団としてのアイデンティティの共有が、伝説が語り継がれ、かつ広がるための必要条件となるのである。柳田は同書で、日本には豊富に伝説が存在するにもかかわらず、それまで研究対象として顧みられなかったことを惜しみ、同書が最初の伝説研究の書であると宣言して、その背後にある人々の心性を解き明かすべきだと問題を提起している。伝説とは、史実そのものではなくとも、それを語り続ける人々が、歴史にどのような関心を抱いていたかを、雄弁に物語る素材となりうるだろう。これまで義経・為朝伝説の展開を詳細に追ってきた我々には、納得のいく指摘ばかりではないだろうか。

2 生活と文化の領域

米と和歌の領域

ところで、すでにみてきたように、義経伝説と為朝伝説は、日本における国家領域の拡大につれて、北と南の地へと定着していったが、これに伴って、そこには日本的な価値観もしだいに移植されていった。とくに近代国家は、皇民化政策という文化統合を北の北海道と南の沖縄で実施したが、なかでも農耕の推進と日本語の教育を二つの柱とした。そして、この両者の極みに、米を中心とした生活と和歌という文化の問題が、国家との関係で浮上する。

日本の歴史においては、国家が農耕のうちでも水田稲作を特別に重視し、畑地を無視して水田のみを課税の対象とするなど、異常なまでに米に固執してきたという事実がある。〝肉食禁止令〟に象徴されるように、肉食が稲作に悪影響を及ぼすという支配者側の認識によって、国家が米のために肉を忌避したことは、東南アジア・東アジアの米文化圏のなかでも、きわめて特異な歴史的現象であった。豊葦原瑞穂国《とよあしはらみずほのくに》という日本の美称や、斎庭《ゆにわ》の稲穂の神勅に象徴されるように、皇祖神アマテラスが天界から伝えたという米を聖なる食物とみなし、稲作の障害になるとされた肉を穢《けが》れた食物とする価値観が、歴史的に広く浸透をみた（原田信男『歴史のなかの米と肉』）。

これについて、延文元（一三五六）年の『諏訪大明神絵詞』は「蝦夷カ千島」を「人倫・禽獣・魚肉等を食として、五穀の農耕を知ず」と記し、覚一本『平家物語』巻二「大納言死去」では俊寛が流された「薩摩潟鬼界が嶋」を「食する物もなければ、只殺生をのみ先とす。しずが山田を返さねば、米穀のるいもなく」と描いている。つまり聖なる米を中心とした農耕を行う世界が日本であり、穢れた肉を食する北と南の世界は異域とみなされていた。肉食を禁止した天皇は、いっぽうで稲作儀礼における最高の司祭者であり、その霊力が及ぶ地域が日本であると考えられてきた。

北海道のアイヌ民族はシカやクマの狩猟を重要な生業の一つとしてきたし、沖縄でもイノシシの狩猟を行い、やがてはブタとヤギを広く飼育するようになった。まさに北海道と沖縄は肉食の世界であり、そこにおける生活の質は日本的なものではなかった。しかし歴史的には、北に対して古代・中世に蝦夷を農耕民化させて国家領域の拡大を図り、南に対しても農耕を伝え近世には米を基本原理とする石高制を適用した。そして天皇が肉食再開を宣言した近代に入って、双方の地を全面的に日本の政治的領域に組み入れたことになる。

もう一つ和歌もまた日本の領域を象徴する文化と認識されてきた。天永《てんえい》二(一一一一)年から永久《えいきゅう》二(一一一四)年の間に成った『俊頼髄脳《としよりずいのう》』は、和歌について「(神代から今まで)おおやまとの国に生れなん人は、男にても女にても、貴きも卑しきも、好み習うべけれ」と記したが、こうした認識は近世まで続き、日本人であれば、だれでもどこでも和歌を詠むから、和歌は日本独自の風俗だとされてきた。そして、その領域の指標が歌枕つまり日本人ならだれもが知る特定の名所旧跡であり、歌枕が存在するところが日本だとされたのである(錦仁「歌枕と名所」)。

一二世紀頃から、北海道は蝦夷ガ千島として知られ和歌にも詠われるようになるが(本書二九頁参照)、ついに蝦夷ガ千島自体は歌枕とはならなかった。永仁《えいにん》元(一二九三)年から嘉元元(一三〇三)年の間に成立した『歌枕名寄《うたまくらなよせ》』は、六〇〇〇首余を国ごとに分類した最大の歌枕撰書であるが、ここには蝦夷ガ千島は登場しない。代わりに顕昭《けんしょう》の「おも(思)いこそちしま(千島)のおく(奥)をへだ(隔)つともなと(何)かよ(通)わさぬつぼ(壺)のいしぶみ(碑)」が、青森県上北《かみきた》郡天間林《てんまばやし》村にあったとされる壺の碑の歌枕歌として同書巻二八に採られている。歌枕とならなかった蝦夷ガ千島は、あくまでも日本とは隔たった世界だったのである。なお中世においては、鬼ヶ島と目されていた沖縄も歌題となることがなかった。

近世における変容

ただ北と南を半分ずつ「日本」に取り込んだ近世に入ると、本居宣長は『古事記伝』巻二七で、「蝦夷は、皇国人《みくにびと》とは、形も心も何も同じからず」として海を隔てた外国だとしたが、これより先に賀茂真淵《かものまぶち》は、「蝦夷島を詠む歌四首」(『賀茂翁家集巻之二』)のなかで、「まかち(鞣鞨)の人も　えみしらが　なつくをみては　かくばかり　かしこきくにと　日の本の　やまとのくにを　あおがざらめや」と詠って、蝦夷が日本に尊崇の念を抱いているとする。さらに高山彦《たかやまひこ》九郎《くろう》にいたっては、『高山朽葉集』巻一で「八百万神の守りは天地や蝦夷が千島も我国のうち」と詠じて(『高山彦九郎歌集』)、歌枕になく和歌を詠じない蝦夷ガ千島についても、日本の神々が護る政治的領域内だとしている。

アイヌの人々のなかには、古代・中世に僧侶となった者もおり、すでに述べたように、義経にアイヌの女性がアイヌ語で和歌を贈ったとする話もあるが(本書四五頁参照)、近世においても、津軽のアイヌ女性が日本人男性と枕を交わして噂が立てられた時に、アイヌ語で和歌を詠んで言い訳をした享保二(一七一七)年の事例があるという(錦仁「真澄における和歌」)。また先にみた『藻汐草』にも(本書一〇二頁参照)、「和歌を蝦夷言に訳す」の項目が設けられて、和歌三首をアイヌ語で紹介しており(扉写真参照)、アイヌの人々に和歌を具体的に教えようとしていたことが窺われる。

ただ蝦夷地に和歌の文化が根付くには、言語的にも文字的にも障壁が大きかったものと思われる。しかし言語的に近い沖縄においては、近世に琉歌と並んで和歌が、多くの知識人たちによって盛んに詠まれていた。林子平は『三国通覧図説』で、明和元（一七六四）年の慶賀使・読谷山王子朝恒《ちょうこう》が肥前松浦で詠んだとする和歌七首を引き（扉写真参照）、「和歌の体を備え」ていることから「琉球の本邦に化服《かふく》したること推《お》て知べし」という論法を展開している（錦仁「歌枕と名所」）。なお松浦静山も『甲子夜話』正編巻一五に「我が風の異域に及べる一端を見る」として、これらの和歌を書写している。琉球人が優れた和歌を作ることが、文化的にも日本の政治的領域に入った証しだとしているのである。

聖なる米と穢れた肉という生活上の価値観の浸透や、和歌という文化の形成・展開は、日本という国家の歴史的特質と密接に関わる問題であった。とくに前者については、縄文文化は北海道と先島を除く沖縄を覆い尽くしていたが、米を中心とした弥生文化の広がりには、この南北二つの地域が含まれなかった。その意味では、明治期における北海道の稲作導入に象徴されるように（本書一九三頁参照）、弥生文化がもたらした米文化の定着を政治的領域の指標として、かつて縄文文化が及んだ地域にまで押し広げようとしたのが、古代国家以来の日本の歴史であったともいえよう。

和歌についてみれば、近代の北海道には和歌を嗜む日本人が大量に移入してきたが、アイヌ民族であるバチェラー八重子も短歌に親しんだ。歌集『若きウタリに』では、「モシリコロ　カムイパセトノ　コオリパカン　ウタラパピリカ　プリネグスネナ」(大地の神、尊い神にわれら尊ぶ　人々の長よ　善良でありましょうよ)というアイヌ語の短歌も詠んだが、ほとんどは日本語で「亡びゆき　一人となるも　ウタリ子よ　こころ落とさで　生きて戦え」などとウタリ(同胞)の悲劇を訴え、違星北斗《いぼしほくと》などの歌人もほぼ同様の作品を残している。

しかし昭和八(一九三三)年になると、八重子も「明治神宮　畏れおゝくも　参拝し　おもわず涙　あふれおちける」の一首を詠じており(村井紀「解説」)、ついに彼女も文化的には和歌の帝国の一員に取り込まれている。ちなみに皇民化教育が実施された旧植民地・台湾にも、短歌を詠む人々が少なからずおり、台湾の歌人・孤蓬万里《こほうばんり》(呉建堂)は一九九三(平成五)年に『台湾万葉集』全三巻を完成させている。なお米に関しては、近代の植民地・台湾と朝鮮半島に対して、産米増産計画というかたちで稲作を強要している。こうした押しつけの価値観や文化が浸透していく歴史過程については、北と南では度合いや様相を大きく異にするが、大枠としての南北の相似性を日本史の展開のうちに読み取ることは可能だろう。

3　英雄伝説と東アジア

東アジア世界のなかで

本論ではほとんど触れることができなかったが、中世にはアイヌや琉球の人々の活躍は、広く東北アジア・東南アジアにまで及んだ。交易活動を活発化させたアイヌ民族は、サハリンや千島まで進出し、元からは骨嵬《くい》と呼ばれていた。骨嵬は、アムール川下流域やサハリンに住む吉里迷《ぎれみ》（ギリヤーク＝ニブヒ）と対立していた。しかし吉里迷が元に服属していたことから、しばしば骨嵬は元の襲来を受け、至大元（一三〇八）年には元に従うところとなったが、元の衰退により一四世紀半ば以降には、サハリンが骨嵬の本格的な居住圏となり、明との関係のもとでアムール川下流域に再進出したという（中村和之「北の「倭寇的状況」とその拡大」）。

また沖縄でも、『球陽』英祖王三七（一二九六）年条によれば、元の成宗が軍を送ったが、琉球は降伏せず国人が力を合わせて戦い、このため元軍は一三八人の捕虜を連れ帰ったという。その後、明の冊封を受けた琉球王国は、いわば貿易立国として東南アジア・東アジアの海で盛んに活躍した。ポルトガル人のトメ・ピレスが一五一〇年代に著した『東方諸国記』には、ゴーレスとも呼ばれるレキオ（琉球）人が、中国・日本・マラッカなどの間で中継貿易を行っている様子が描かれている。一時期であるにせよ、日本の北と南は、東アジアのみならず、東北アジア・東南アジアにも密接に繋がっていたのである。

ただ近世に入って、北海道と沖縄が半分ずつ日本の一部となった頃から、アジア諸国に対する認識はかなり変化する。すでに明末の段階でも、秀吉の征明計画つまり朝鮮出兵の背景には、日本は神国であり日本を華として朝鮮を夷とする発想が働いており、初期江戸幕府においても、日本と中国を二天とする国際秩序が模索されていたという(ロナルド・トビ『近世日本の国家形成と外交』)。しかし北方の「蛮族」であった満洲族が漢民族の明を倒したという東アジア史上の大事件は、従来の中華思想を見直す大きな契機となった。

たとえば儒学者の山崎闇斎《あんさい》・山鹿素行《やまがそこう》などは、清を「中国・中華」などと呼ぶことには反対で、日本こそが「中国」であるとしており、同様の認識を有していた闇斎の門人・浅見絅斎《あさみけいさい》などとともに、尊皇思想を唱えて神道への歩み寄りをみせたことが指摘されている(尾藤正英「尊皇攘夷思想」)。こうして一七世紀後半には、日本型華夷思想が形成され、この頃から勃興してくる国学とも相まって、一八世紀後半にいたると日本を中心とした国際秩序意識が、国内に広く深く浸透していった。

日本型華夷思想の高まり

とくに安永六(一七七七)年に初稿がなった本居宣長の『馭戎慨言《ぎょじゅうがいげん》』は、中国・朝鮮を戎《えびす》として日本の外交史を論じたが、まず宣長門人の白子昌平《しろこまさひら》が記した序の冒頭に「天地の中に、八百国千国と、国はおおけど、吾皇御国ぞ、よろずの国のおや国、本つ御国にして、あだし国々は皆、末つ国のいやし国になもありける」とあるように、全体に日本中心主義が強烈に展開される。そして宣長自身は下之巻下で、秀吉の朝鮮出兵について「はじめよりまず明の国をこそ、うち給うべかりけれ」と記して、まず南京を攻め取るべきだったと批判している。こうした東アジア世界に対する秩序観が、国学の発展に支えられ、広く受容されていたなかで、義経清王祖説や為朝中山王祖説が、飛躍的な展開をみたことが興味深い。

これには複雑な背景があり、『魏略』逸文(『翰苑』)巻七(カ)には倭人は「自ら謂う、太伯《たいはく》の後と」とする伝聞がみえ(湯浅幸孫『翰苑校釈』)、日本の皇祖は、周の基礎を築いた文王《ぶんおう》の伯父で呉の始祖となった泰伯(太伯)であるとする古伝が、中世以来議論の的となり、近世の儒学者たちにも一部で受け容れられていた。たとえば水戸藩には、この説が『本朝通鑑』に掲載されていたので、水戸光圀が憤って削除を命じたとする誤伝がある。また熊沢蕃山《くまざわばんざん》も『三輪物語』で、王祖は有徳の聖人とする合理的立場から、これを紹介しているが、一般には禁断扱いの説だったとされている(尾藤正英『日本の歴史一九 元禄時代』)。

この泰伯説は、実は先にみた『翁草』巻一八六「清朝天子源義経裔の説再考」で「図書輯勘」を論拠として義経清王祖説を展開する前段にもおかれている（本書一二八頁参照）。つまり日本の皇祖が中国人であったとする古い巷説に対して、日本人こそが中国や琉球の王祖であるという義経伝説と為朝伝説は、国学思想に共感し日本型華夷思想を信奉していた人々には、熱い問題関心の的となった。それゆえ偽書まで登場してさまざまな議論が繰り広げられたが、それは伝説から歴史への昇華を多くの人々が願っていたことの証左だろう。

英雄伝説の北と南

義経と為朝という二人の英雄伝説は、地方で活躍した武士の武勇が賞賛された中世に生まれ、統一権力が武力を背景に北と南へと領域を拡大し、日本型華夷思想が社会的に浸透していった近世に飛躍的な変貌を遂げた。そして帝国主義国の仲間入りをした近代において、国学思想に裏付けられた皇国史観と結びついて、大陸進出を心情的に支えた。天皇に連なる貴種・源氏の叔父と甥にあたる二人の英雄が統治したとされる南北の地の人々は、近代に入って正式に日本となったものの、ともに「内地」からは差別的な視線に晒され続けた。日本史における北と南の歴史的相似性は、列島の中央に成立した強力な統一権力が、その両極の地へと支配を浸透させていく過程で生み出されたものであった。まさに日本という国家の自己認識の所産にほかならず、このことをもっとも雄弁に物語ってくれるのが、中国・琉球の王祖となったとする二人の英雄伝説の特異な展開であった。

改めて義経と為朝の伝説をふり返ってみると、北の義経伝説には、悲劇の英雄が苦労して逃げ延びる貴種流離譚的な性格が強く、華々しさは見当たらない。これに対して、南の為朝伝説は、悲劇的な貴種の英雄が、それぞれの地域で活躍する物語が多い。東北の義経は、逃亡の途中に立ち寄っただけでも伝説となるが、南島とくに奄美の場合では、土地の英雄伝説との関連で、為朝が登場してくる点に特徴がある。東北・南九州・奄美諸島では、和人勢力の拡大に伴い、二人の英雄伝説が、それぞれの地域に引きつけられて、人々の間で語られ続けてきた。それがその地域が日本の文化圏に属したことの証しでもあった。

しかし北海道と沖縄では、全く位相を異にする。北海道のアイヌ民族は国家を持たなかったし、義経がその長となる話を彼らが好んで語ったのではなく、和人がアイヌの英雄を、勝手に義経に置き換えただけで、あくまでも和人の間での伝説にすぎなかった。沖縄では、為朝に関わる伝説は、あまねく各地で人々に語られたのではなく、運天や浦添・大里など王権の形成に関わる主要地域に限られるかたちで分布している。これは自然発生的というより、琉球の正史『中山世鑑』における舜天の話を承けたもので、為朝を王権の系譜に利用しようとした琉球王府と、その背後にあるヤマトの影が色濃く認められる。ともに北海道・沖縄に暮らす人々に、すんなりと受け容れられたものではなかった。

二人の英雄が北海道・沖縄に渡ったという伝説の原型が形作られるのは、いずれも伝統的な日本文化が成立したとされる室町後期のことで、この時期に各地で中央志向が拡大し始めた点に留意すべきだろう。そして近世に入って、日本型華夷思想が形成され、それが急速に社会に浸透していく一八世紀後半頃から、出版文化とも相まって、北と南へと大きく飛躍した二人の英雄伝説が国民的レベルでの広がりをみせた。彼らが北海道や沖縄に渡って活躍し、さらに中国や琉球の王の祖先となったとする伝説は、「日本人」としてのアイデンティティを強く意識した多くの人々によって支えられてきた。二人の英雄伝説展開の背後に潜む意識は、ひょっとすると皇国史観を信じてアジア・太平洋戦争を支持した当時の日本人の心情と相通ずるところがあるのかもしれない。

あとがき

一九八七年、三七歳の私は、最初の就職で初めて北海道の地を踏んだ。その二年前に、初の海外旅行で韓国を訪れ、沖縄に足を踏み入れたのも初体験だった。そして北海道着任後に求められた随筆原稿に、「日本を考えるのに、北海道・沖縄、それに朝鮮半島を対置してみると、実によく見えてくる。……(この)三極からよく見えてくるのは米と肉の問題であり、稲作民族としての日本人の歴史ひいては天皇制と差別の問題である」と記した(原田信男「北海道から日本を見れば……」)。以来、沖縄と韓国には、かなりの頻度で訪れるようになった。一九九三年に公刊した拙著『歴史のなかの米と肉』(平凡社選書)は、そうした視点からの成果で、歴史という時間軸の研究に、空間という問題を強く意識できるようになったのは、貴重な体験であった。

結局、札幌には一五年間住み、その間に毎年、学生たちを連れて道内の研修旅行を何度となく行うとともに、自らも暇をみつけては車で道内をくまなく見て廻った。また一九九一年には、味の素食の文化センターの研究助成を得て、夏に鹿児島から南西諸島を島伝いに辿って石垣島から台湾に渡り帰国した。そして翌年冬には、函館から津軽半島・下北半島および東北北部にも足を延ばした。とにかく北海道と沖縄を中心に日本の北と南を見て歩いた。やがて一九九三年一〇月から一年間、ウィーン大学日本学研究所での研修の機会が与えられた。その成果の一つに『小シーボルト蝦夷見聞記』(平凡社東洋文庫、一九九六年)があるが、その訳注に没頭するなかで、大シーボルトの義経伝説論に出会った。

もともと義経・為朝伝説の分布が気になっていた私は、この時以来、二つの伝説の虜になった。折りに触れては、二人の伝説の故地を訪ね歩き、二〇〇四年には為朝伝説の残る伊豆諸島も訪れることができた。日本の北と南を歩き回れば回るほどに、双方の歴史の在り方が、一種の相似形をなしていることに興味を深めた。ただ北海道の生活は長かったが、沖縄に対しては、いつも単なる旅行者であった。そこで半年ではあったが、二〇一三年四月から、那覇の沖縄県立芸術大学附属研究所でサバティカルの研究生活を送ることにした。短い期間ではあったが、少しでも生活者として暮らしてみると、やはり北海道との相似性とともに、両者の相異性を実感させられた。この時に、双方の視点が大切であることを痛感した。

北海道を離れてから、すでに一五年が経ったが、沖縄在住中に始めた新井白石の『蝦夷志』『南島志』の校注作業を終え、『蝦夷志　南島志』(平凡社東洋文庫、二〇一五年)の原稿を手放して、二〇一五年正月元旦から本書の起稿にかかった。この着想を得てから二〇年余の歳月が流れ、執筆に二年半以上の時間を費やしたことになる。いつもながらの遅々たる歩みである。私は、義経と為朝という人物そのものよりも、その伝説の背景に秘められた日本史の北と南を、通史的に比較してみたかった。そのことによって逆に、日本史の特質を浮かび上がらせてみたいと思ったからである。この作業に必要な史料と論文は、膨大な数に上り、ほとんどが悪戦苦闘の連続であった。しかし、この試みが成功したか否かは、読者諸賢のご判断に委ねるほかはない。

最後に、沖縄を訪れる度に、いつも楽しく盃を傾けながら、貴重なお話を聞かせてくれた安里進氏に、衷心から感謝の意を捧げたい。氏との交流がなければ、こうした構想にまではいたらなかったと思う。なお有益な史料と論文を提供して戴いた錦仁氏のほか井川学氏と武智方寛氏のご厚意も有り難かった。また本書の企画に協力して戴いた岩波書店編集部の大山美佐子氏、それを受け継いだ朝倉玲子氏、そして実際に複雑な原稿を整理し、多くの貴重なアドバイスを提供してくれた古川義子氏に、この場を借りて厚く御礼を申し上げたい。

二〇一七年八月二三日　竣工二〇年となる武蔵橋の杉風庵にて

原田信男

主要参考文献

参考文献に関しては，多くの文献を参照したが，新書という性格上，主なもののみに留めた．さらに典拠文献のテキストについても，異本が多いものや探しにくいものは本文中に示したが，それ以外は割愛した．また活字本や影印本がなく，かつデジタルアーカイブでも公開されておらず，閲覧が難しいものに関しては，筆者が参照した蔵本を示した．なお史料引用にあたっては，読みやすさを考慮し，原則として新字・新仮名を用いた読み下し文とし，片仮名は平仮名に改め，適宜送り仮名を補うなどの処理を行った．

浅倉有子『北方史と近世社会』清文堂，1999
安里進『琉球の王権とグスク』山川出版社，2006
安里進「「古琉球」概念の再検討」『沖縄県史 各論編 3 古琉球』沖縄県教育委員会，2010
安里進「7～12 世紀の琉球列島をめぐる 3 つの問題」『国立歴史民俗博物館研究報告』179 集，2013
安里進・土肥直美『沖縄人はどこから来たか』改訂版，ボーダー新書，2011
麻原美子「『保元物語』試論」『軍記と語り物』7 号，1970
荒野泰典『近世日本と東アジア』東京大学出版会，1988
池田弥三郎「判官びいき」『日本芸能伝承論』中央公論社，1962
池間栄三『与那国の歴史』池間苗，1959
石母田正『日本古代国家論 第一部』岩波書店，1973
市村高男「11～15 世紀の万之瀬川河口の性格と持躰松遺跡」『古代文化』55 巻 2 号，2003
伊波普猷「南島の歌謡に現はれた為朝の琉球落」『改造』8 巻 2 号，1926(『伊波普猷全集』第 7 巻，平凡社，1975)
伊波普猷「琉球国旧記解説」『琉球史料叢書 三』井上書房，1962（前掲『伊波普猷全集』第 7 巻所収）
伊波普猷「方言は無闇に弾圧すべからず――自然に消滅させ」（談）「大阪球陽新聞」1940 年 11 月 1 日号(『伊波普猷全集』第

10 巻，平凡社，1976）
入間田宣夫「延久二年北奥合戦と諸郡の建置」『東北アジア研究』1 号，1997
入間田宣夫『中世武士団の自己認識』三弥井書店，1998
入間田宣夫他編『北の内海世界』山川出版社，1999
入間田宣夫『藤原秀衡』ミネルヴァ書房，2016
岩崎克己「シーボルトの成吉思汗即源義経説とその後世への影響」『中外医事新報』1252〜1254 号，1938
岩崎克己『義経入夷渡満説書誌』私家版，1943
岩瀬博・山下欣一編『奄美文化を探る』海風社，1990
上里隆史「島津軍侵攻と琉球の対応」『沖縄県史 各論編 4 近世』沖縄県教育委員会，2005
上原兼善『幕藩制形成期の琉球支配』吉川弘文館，2001
上原兼善「島津氏の琉球征服の意義とその後の中国・日本との関係」『沖縄県史 各論編 4 近世』沖縄県教育委員会，2005
鵜澤正徳「源義経韃靼を経略して満州と称し大元皇帝の始祖となるの疑」『史論』第 3 巻，史学書院，1893
上横手雅敬『源義経』平凡社，1978
江平望「豊後冠者義実について」『鹿児島中世史研究会報』50 号，1995
榎森進『アイヌ民族の歴史』草風館，2007
遠藤巌「中世国家の東夷成敗権」『松前藩と松前』9 号，松前町，1976
大石直正「奥羽の荘園と前九年・後三年合戦」『東北学院大学論集――歴史学・地理学』17 号，1986
大石直正『中世北方の政治と社会』校倉書房，2010
大高広和「大宝律令の制定と「蕃」「夷」」『史学雑誌』122 巻 12 号，2013
岡田淳子『北の民族誌』アカデミア出版会，1999
奥里将建『沖縄に君臨した平家』私家版，1966
小口雅史「石江遺跡群の歴史的背景とその展開」『石江遺跡群 発掘調査報告書Ⅶ』第 3 分冊所収，青森市教育委員会，2014
小田静夫『黒潮圏の考古学』第一書房，2000

小田雄三「嘉元四年千竈時家処分状について」『年報中世史研究』18号，1993
折口信夫「琉球国王の出自」『南島論叢』伊波先生記念論文集編纂委員会編，沖縄日報社，1937（『折口信夫全集』第16巻，中央公論社，1967．なお谷川健一・折口信夫『琉球王権の源流』がじゅまるブックス，榕樹書林，2012にも所収）
海保嶺夫『中世の蝦夷地』吉川弘文館，1987
紙屋敦之『幕藩制国家の琉球支配』校倉書房，1990
萱野茂『オキクルミのぼうけん』小峰書店，1998
菊池勇夫『幕藩体制と蝦夷地』雄山閣出版，1984
菊池勇夫「蝦夷島と北方世界」『蝦夷島と北方世界』吉川弘文館，2003
喜舎場一隆『近世薩琉関係史の研究』国書刊行会，1993
金武正紀「陶磁器・カムィヤキ・滑石製石鍋からみた12世紀頃の沖縄」復帰25周年記念第3回「沖縄研究国際シンポジウム」『世界につなぐ沖縄研究』沖縄文化協会，2001
金田一京助「義経入夷伝説考」『東亜之光』9巻6・7号，1914（『金田一京助全集』第12巻，三省堂，1993）
ヨーゼフ・クライナー他編『古代末期・日本の境界』森話社，2010
倉員正江「近世における義経伝説の展開」『近世文芸 研究と評論』29号，1985
栗田寛「古謡集」國學院編纂『国文論纂』大日本図書株式会社，1903
栗林文夫「阿多忠景と源為朝」元木泰雄編『保元・平治の乱と平氏の栄華』清文堂，2014
黒嶋敏「印判・あや船」『青山史学』第26号，2008
児島恭子『アイヌ民族史の研究』吉川弘文館，2003
五味文彦『平家物語，史と説話』平凡社選書，1987
五味文彦『吾妻鏡の方法』吉川弘文館，1990
斉藤利男「北緯40度以北の10〜12世紀」前掲，入間田他編『北の内海世界』所収
斎藤成也『DNAから見た日本人』ちくま新書，2005

佐伯弘次「室町前期の日琉関係と外交文書」『九州史学』111号，1994
佐々木高明『日本史誕生』集英社，日本の歴史1，1991
佐原真「沖縄のよろいと刀」『佐原真の仕事 4 戦争の考古学』岩波書店，2005
篠田謙一・安達登「DNAが語る「日本人への旅」の複眼的視点」『科学』80巻4号，2010
島津久基『義経伝説と文学』大学堂書店，1935
白井哲哉「義経渡海説を語らせたのは誰か」『北海道・東北史研究』2号，2005
鈴木靖民『日本古代の周縁史』岩波書店，2014
澄田直敏「喜界島城久遺跡群の発掘調査」前掲，クライナー他編『古代末期・日本の境界』所収
瀬川拓郎『アイヌの世界』講談社選書メチエ，2011
瀬川拓郎『アイヌ学入門』講談社現代新書，2015
関秀志他『新版 北海道の歴史 下 近代・現代編』北海道新聞社，2006
高梨修『ヤコウガイの考古学』同成社，2005
高橋一郎「「道の島」の平家伝承」『文学』隔月刊第3巻第4号，2002
高橋一郎「「道の島」の源為朝」福田晃編『伝承文化の展望』三弥井書店，2003
高宮広土『島の先史学』ボーダーインク，2005
高良倉吉「沖縄研究と天皇制イデオロギー」『沖縄歴史論 序説』三一書房，1980
高良倉吉「向象賢の論理」『新 琉球史 近世編(上)』琉球新報社，1989
武智方寛『沖縄苗字のヒミツ』ボーダー新書，2011
田名真之「琉球王権の系譜意識と源為朝渡来伝承」九州史学研究会編『境界のアイデンティティ』岩田書院，2008
田中健夫『対外関係と文化交流』思文閣出版，1982
谷川健一「「琉球国王の出自」をめぐって」前掲『琉球王権の源流』所収

土井全二郎『義経伝説をつくった男』光人社，2005
ロナルド・トビ『近世日本の国家形成と外交』速水融他訳，創文社，1990
豊見山和行「琉球・沖縄史の世界」『琉球・沖縄史の世界』吉川弘文館，2003
豊見山和行『琉球王国の外交と王権』吉川弘文館，2004
豊見山和行「「江戸上り」から「江戸立ち」へ」『琉球使節，江戸へ行く！』沖縄県立博物館・美術館，2009
外山至生「悪路王伝説の考察」『北奥古代文化』14 号，1983
鳥越憲三郎『琉球宗教史の研究』角川書店，1965
永積安明『中世文学の可能性』岩波書店，1977
中村和之「北の「倭寇的状況」とその拡大」前掲，入間田他編『北の内海世界』所収
中山清美「発掘された奄美のグスク」『先史学・考古学論究 3』白木原和美先生古稀記念論集，龍田考古会，1999
永山修一「キカイガシマ・イオウガシマ考」『日本律令制論集』下巻，吉川弘文館，1993
永山修一「『小右記』に見える大隅・薩摩からの進物記事の周辺」『鹿児島中世史研究会報』50 号，1995
永山修一「隼人をめぐって」『東北学』4 号，2001
錦仁「義経と弁慶」『在地伝承の世界 東日本』三弥井書店，1999
錦仁「歌枕と名所」「優美な和歌の陰に」同編『日本人はなぜ，五七五七七の歌を愛してきたのか』笠間書院，2016
錦仁「真澄における和歌」『19 世紀学研究』11 号，新潟大学 19 世紀学研究所，2017
西里喜行「近代化・文明化・ヤマト化の諸相」安里進他編『沖縄県の歴史』山川出版社，2004
西里喜行「廃琉前後の琉球問題と日清の政策決定過程」『沖縄県史 各論編 5 近代』沖縄県教育委員会，2011
埴原和郎『日本人の成り立ち』人文書院，1995
埴原和郎「再考・奥州藤原氏四代の遺体」『日本研究』13 号，1996
原田信男「北海道から日本を見れば……」『北海道を探る』17 号，

北海道みんぞく文化研究会，1988
原田信男『歴史のなかの米と肉』平凡社選書，1993(後に平凡社ライブラリー)
原田信男「新井白石『蝦夷志』『南島志』について」『蝦夷志 南島志』平凡社，2015
東恩納寛惇「為朝事跡考」『琉球新報』1906年4月1日〜6日(『東恩納寛惇全集』第1巻，第一書房，1978)
尾藤正英『日本の歴史19　元禄時代』小学館，1975
尾藤正英「尊皇攘夷思想」『岩波講座日本歴史13』岩波書店，1977
藤田覚『松平定信』中公新書，1993
船津好明「方言論争再考」『沖縄文化研究』35号，2009
牧野和夫「中世の学問(注釈)の一隅」『日本文学』33巻4号，1984
真境名安興『沖縄一千年史』日本大学，1923(『真境名安興全集』第1巻，琉球新報社，1993)
松田京子『帝国の視線』吉川弘文館，2003
松永歩「近未来予想図としての『沖縄対話』」『立命館国際地域研究』27号，2008
丸山隆司「シサム・ウエペケレ sisam uwepekere(和人の昔話)「ウセ・トノ・ネ　use tono ne」」『研究と資料』第50・51輯，2003，2004
宮城栄昌「沖縄歴史に対する疑問」『南島史学』6号，1975
宮崎道生『新井白石の史学と地理学』吉川弘文館，1988
宮良当壮「我が古代語と琉球語との比較」『史学』3巻3号，1924
村井紀「解説」バチェラー八重子『若きウタリに』岩波現代文庫，2003
村井章介『東アジア往還』朝日新聞社，1995
村井章介『日本中世境界史論』岩波書店，2013
百瀬響「開拓使期における狩猟行政」井上紘一編『ピウスツキによる極東先住民研究の全体像を求めて』北海道大学スラブ研究センター，2003

森三渓「義経元太祖同人ナルノ説」『学芸志林』第13巻第75冊，1883
安田泰次郎『北海道移民政策史』生活社，1941
柳田国男「東北文学の研究」『中央公論』41巻10・11号，1926（『柳田國男全集』第3巻のうち『雪国の春』に所収，筑摩書房，1997）
柳田国男『伝説』岩波新書，1940（『柳田國男全集』第11巻，筑摩書房，1998）
柳原敏昭「平安末～鎌倉期の万之瀬川下流域」『古代文化』55巻2号，2003
矢野美沙子「為朝伝説と中山王統」『沖縄文化研究』36号，2010
山里純一『古代日本と南島の交流』吉川弘文館，1999
山本信夫「12世紀前後陶磁器から見た持躰松遺跡の評価」『古代文化』55巻3号，2003
湯浅幸孫『翰苑校釈』国書刊行会，1983
横山学「市中取締類集に見る琉球物板行願について」『南島史学』16号，1980
米田穣「縄文時代における環境と食生態の関係」『季刊 考古学』118号，2012
渡辺匡一「為朝渡琉譚のゆくえ」『日本文学』50号，2001

原田信男

1949年栃木県に生まれる
1983年明治大学大学院博士後期課程退学，その後，札幌大学女子短期大学部専任講師を経て，ウィーン大学日本学研究所・国際日本文化研究センター・放送大学の客員教授を歴任
現在—国士舘大学21世紀アジア学部教授，史学博士
専攻—日本生活文化史
著書—『江戸の料理史』(中公新書，1989年，サントリー学芸賞受賞)
『歴史のなかの米と肉』(平凡社選書，1993年，小泉八雲賞受賞)
『中世村落の景観と生活』(思文閣史学叢書，1999年，学位論文)
『いくつもの日本 全7巻』(共編著，岩波書店，2002〜03年)
『和食と日本文化』(小学館，2005年)
『食をうたう』(岩波書店，2008年)
『なぜ生命は捧げられるか』(御茶の水書房，2012年)
『蝦夷志 南島志』(校注，平凡社東洋文庫，2015年)
その他著書多数

義経伝説と為朝伝説 日本史の北と南　岩波新書(新赤版)1692

2017年12月20日　第1刷発行

著　者　原田信男《はらだのぶを》

発行者　岡 本　厚

発行所　株式会社 岩波書店
〒101-8002 東京都千代田区一ツ橋2-5-5
案内 03-5210-4000　営業部 03-5210-4111
http://www.iwanami.co.jp/

新書編集部 03-5210-4054
http://www.iwanamishinsho.com/

印刷・理想社　カバー・半七印刷　製本・中永製本

ISBN 978-4-00-431692-3　Printed in Japan

岩波新書新赤版一〇〇〇点に際して

ひとつの時代が終わったと言われて久しい。だが、その先にいかなる時代を展望するのか、私たちはその輪郭すら描きえていない。二〇世紀から持ち越した課題の多くは、未だ解決の緒を見つけることのできないままであり、二一世紀が新たに招きよせた問題も少なくない。グローバル資本主義の浸透、憎悪の連鎖、暴力の応酬――世界は混沌として深い不安の只中にある。

現代社会においては変化が常態となり、速さと新しさに絶対的な価値が与えられた。消費社会の深化と情報技術の革命は、種々の境界を無くし、人々の生活やコミュニケーションの様式を根底から変容させてきた。ライフスタイルは多様化し、一面では個人の生き方をそれぞれが選びとる時代が始まっている。同時に、新たな格差が生まれ、様々な次元での亀裂や分断が深まっている。社会や歴史に対する意識が揺らぎ、普遍的な理念に対する根本的な懐疑や、現実を変えることへの無力感がひそかに根を張りつつある。そして生きることに誰もが困難を覚える時代が到来している。

しかし、日常生活のそれぞれの場で、自由と民主主義を獲得し実践することを通じて、私たち自身がそうした閉塞を乗り超え、希望の時代の幕開けを告げてゆくことは不可能ではあるまい。そのために、いま求められていること――それは、個と個の間で開かれた対話を積み重ねながら、人間らしく生きることの条件について一人ひとりが粘り強く思考することではないか。その営みの糧となるものが、教養に外ならないと私たちは考える。歴史とは何か、よく生きるとはいかなることか、世界そして人間はどこへ向かうべきなのか――こうした根源的な問いとの格闘が、文化と知の厚みを作り出し、個人と社会を支える基盤としての教養となった。まさにそのような教養への道案内こそ、岩波新書が創刊以来、追求してきたことである。

岩波新書は、日中戦争下の一九三八年一一月に赤版として創刊された。創刊の辞は、道義の精神に則らない日本の行動を憂慮し、批判的精神と良心的行動の欠如を戒めつつ、現代人の現代的教養を刊行の目的とする、と謳っている。以後、青版、黄版、新赤版と装いを改めながら、合計二五〇〇点余りを世に問うてきた。そして、いままた新赤版が一〇〇〇点を迎えたのを機に、人間の理性と良心への信頼を再確認し、それに裏打ちされた文化を培っていく決意を込めて、新しい装丁のもとに再出発したいと思う。一冊一冊から吹き出す新風が一人でも多くの読者の許に届くこと、そして希望ある時代への想像力を豊かにかき立てることを切に願う。

（二〇〇六年四月）

日本史

鏡が語る古代史　岡村秀典
日本の近代とは何であったか　三谷太一郎
戦国と宗教　神田千里
古代出雲を歩く　平野芳英
自由民権運動　〈デモクラシー〉の夢と挫折　松沢裕作
風土記の世界　三浦佑之
京都の歴史を歩く　小林丈広・高木博志・三枝暁子
蘇我氏の古代　吉村武彦
昭和史のかたち　保阪正康
「昭和天皇実録」を読む　原武史
生きて帰ってきた男　小熊英二
遺骨　戦没者三一〇万人の戦後史　栗原俊雄
在日朝鮮人　歴史と現在　水野直樹・文京洙
京都〈千年の都〉の歴史　高橋昌明
唐物の文化史　河添房江

小林一茶　時代を詠んだ俳諧師　青木美智男
信長の城　千田嘉博
出雲と大和　村井康彦
女帝の古代日本　吉村武彦
秀吉の朝鮮侵略と民衆　北島万次
コロニアリズムと文化財　荒井信一
特高警察　荻野富士夫
朝鮮人強制連行　外村大
勝海舟と西郷隆盛　松浦玲
古代国家はいつ成立したか　都出比呂志
渋沢栄一　社会企業家の先駆者　島田昌和
前方後円墳の世界　広瀬和雄
木簡から古代がみえる　木簡学会編
中世民衆の世界　藤木久志
中国侵略の証言者たち　岡部牧夫・荻野富士夫・吉田裕編
漆の文化史　四柳嘉章
法隆寺を歩く　上原和

平家の群像　物語から史実へ　高橋昌明
シベリア抑留　栗原俊雄
アマテラスの誕生　溝口睦子
中国残留邦人　井出孫六
証言　沖縄「集団自決」　謝花直美
幕末の大奥　天璋院と薩摩藩　畑尚子
遣唐使　東野治之
戦艦大和　生還者たちの証言から　栗原俊雄
金・銀・銅の日本史　村上隆
中世日本の予言書　小峯和明
沖縄現代史〔新版〕　新崎盛暉
刀狩り　藤木久志
戦後史　中村政則
明治デモクラシー　坂野潤治
環境考古学への招待　松井章
日本人の歴史意識　阿部謹也
明治維新と西洋文明　田中彰
新選組　松浦玲

岩波新書より

岩波新書より

歌舞伎以前	林屋辰三郎
京　都	林屋辰三郎
日本の歴史 中	井上　清
天皇の祭祀	村上重良
沖縄のこころ	大田昌秀
ひとり暮しの戦後史	塩沢美代子 島田とみ子
伝　説	柳田国男
岩波新書で「戦後」をよむ	小森陽一 成田龍一 本田由紀
岩波新書の歴史 付・総目録 1938–2006	鹿野政直
シリーズ日本近世史	
戦国乱世から太平の世へ	藤井讓治
村 百姓たちの近世	水本邦彦
天下泰平の時代	高埜利彦
都　市 江戸に生きる	吉田伸之
幕末から維新へ	藤田　覚
シリーズ日本古代史	
農耕社会の成立	石川日出志
ヤマト王権	吉村武彦
飛鳥の都	吉川真司
平城京の時代	坂上康俊
平安京遷都	川尻秋生
摂関政治	古瀬奈津子
シリーズ日本近現代史	
幕末・維新	井上勝生
民権と憲法	牧原憲夫
日清・日露戦争	原田敬一
大正デモクラシー	成田龍一
満州事変から日中戦争へ	加藤陽子
アジア・太平洋戦争	吉田　裕
占領と改革	雨宮昭一
高度成長	武田晴人
ポスト戦後社会	吉見俊哉
日本の近現代史をどう見るか	岩波新書編集部編
シリーズ日本中世史	
中世社会のはじまり	五味文彦
鎌倉幕府と朝廷	近藤成一
室町幕府と地方の社会	榎原雅治
分裂から天下統一へ	村井章介

世界史

ロシア革命 破局の8か月　池田嘉郎
天下と天朝の中国史　檀上寛
孫文　深町英夫
古代東アジアの女帝　入江曜子
新・韓国現代史　文京洙
ガリレオ裁判　田中一郎
人間・始皇帝　鶴間和幸
袁世凱　岡本隆司
二〇世紀の歴史　木畑洋一
イギリス史10講　近藤和彦
植民地朝鮮と日本　趙景達
シルクロードの古代都市　加藤九祚
中華人民共和国史〔新版〕　天児慧
物語 朝鮮王朝の滅亡　金重明
新・ローマ帝国衰亡史　南川高志
近代朝鮮と日本　趙景達
マヤ文明　青木和夫

四字熟語の中国史　冨谷至
李鴻章　岡本隆司
新しい世界史へ　羽田正
パル判事　中里成章
グランドツアー 18世紀イタリアへの旅　岡田温司
マルコムX　荒このみ
パリ 都市統治の近代　喜安朗
ノモンハン戦争 モンゴルと満洲国　田中克彦
中国という世界　竹内実
ウィーン 都市の近代　田口晃
空爆の歴史　荒井信一
紫禁城　入江曜子
ジャガイモのきた道　山本紀夫
北京　春名徹
創氏改名　水野直樹
溥儀　入江曜子
フランス史10講　柴田三千雄
地中海　樺山紘一

多神教と一神教　本村凌二
奇人と異才の中国史　井波律子
古代オリンピック　桜井万里子・橋場弦 編
ドイツ史10講　坂井榮八郎
ナチ・ドイツと言語　宮田光雄
離散するユダヤ人　小岸昭
現代史を学ぶ　溪内謙
アメリカ黒人の歴史〔新版〕　本田創造
上海一九三〇年　尾崎秀樹
サッチャー時代のイギリス　森嶋通夫
ゴマの来た道　小林貞作
文化大革命と現代中国　安藤正士・太田勝洪・辻康吾
ピープス氏の秘められた日記　臼田昭
中世ローマ帝国　渡辺金一
モロッコ　山田吉彦
シベリアに憑かれた人々　加藤九祚
インカ帝国　泉靖一
中国の隠者　富士正晴

文学

岩波新書/最新刊から

1681 出羽三山 ―山岳信仰の歴史を歩く 岩鼻通明 著
修験の聖地、羽黒山。「雲の峰幾つ崩て月の山」と芭蕉が詠んだ主峰、月山。秘所、湯殿山。〈お山〉の歴史と文化を案内。

1682 アウグスティヌス ―「心」の哲学者 出村和彦 著
ヨーロッパの哲学思想に多大な影響を与えた「西欧の父」。知への愛と探究をとおしてキリスト教の道を歩んだ生涯を描く。

1683 生と死のことば ―中国の名言を読む 川合康三 著
自分の老い、その先の死、身近な人たちの死にどう向き合うか。孔子、荘子、曹操、陶淵明など先哲、文人がのこしたことばから探る。

1684 日本問答 田中優子・松岡正剛 著
日本はどんな価値観で組み立てられてきたのか。デュアル思考で、日本の内なる多様性の魅力を発見する。侃侃諤諤の知の冒険!

1685 メディア不信 ―何が問われているのか 林香里 著
世界同時多発的にメディアやネットの信憑性に注目が集まる時代。独英米日の比較を通して、民主主義を蝕む「病弊」の実像に迫る。

1686 ルポ 不法移民 ―アメリカ国境を越えた男たち 田中研之輔 著
一一三〇万もの不法移民が存在するアメリカ。彼らはどんな人たちなのか? ともに働くことで見えてきた、不法移民たちの素顔。

1687 会計学の誕生 ―複式簿記が変えた世界― 渡邉泉 著
複式簿記から、貸借対照表、損益計算書、キャッシュ・フロー計算書まで、八〇〇年にわたる会計の世界を帳簿でたどる入門書。

1688 東電原発裁判 ―福島原発事故の責任を問う― 添田孝史 著
津波の予見は不可能とする東京電力の主張は果たして真実なのか。未曽有の事故の責任をめぐる一連の裁判をレポートする。

(2017.12)